Prentice Hall

LITERATURE
Timeless Voices, Timeless T'

Spanish Support Practice Book

Argelia Arizpe Guadarrama

English as a Second Language Specialist

THE AMERICAN EXPERIENCE

PRENTICE HALL
Upper Saddle River, New Jersey
Glenview, Illinois
Needham, Massachusetts

Argelia Arizpe Guadarrama, secondary curriculum coordinator in the Pharr-San Juan-Alamo Independent School District, is also the program developer for English as a Second Language and at-risk students. She is the recipient of the National Recognition of Positive Avenues for Student Success Program by the U. S. Department of Education.

ISBN 0-13-050925-6

1 2 3 4 5 6 7 8 9 10   03 02 01 00 99

PRENTICE HALL

CONTENIDO
Spanish Translations of Reading for Success Models

Summaries and Guided Reading Support

UNIT 1: BEGINNINGS (TO 1750)

UNIT 4: DIVISION, RECONCILIATION, AND EXPANSION (1850–1914)

UNIT 5: DISILLUSION, DEFIANCE, AND DISCONTENT (1914–1946)

UNIT 6: PROSPERITY AND PROTEST (1946–PRESENT)

Authentic Spanish Language Literature

UNIT 1: BEGINNINGS—1750

UNIT 2: A NATION IS BORN (1750–1800)

UNIT 3: A GROWING NATION (1800–1870)

UNIT 4: DIVISION, RECONCILIATION, AND EXPANSION (1850–1914)

UNIT 5: DISILLUSION, DEFIANCE, AND DISCONTENT (1914–1946)

UNIT 6: PROSPERITY AND PROTEST (1946–PRESENT)

Spanish Translations of Reading for Success Models

Reading for Success

Para leer con éxito

Estrategias para la comprensión literal

Antes de poder comenzar a analizar o a criticar una obra literaria, debes estar seguro de entender lo que dice el autor. Hallarás algunas obras fáciles de comprender por estar escritas sencillamente y usar un vocabulario que te es familiar. Sin embargo, si un escritor usa oraciones largas y complejas, un orden de palabras que no reconoces o un lenguaje arcaico, te encontrarás con dificultades. Estas estrategias te ofrecerán ayuda para la comprensión de lecturas complicadas.

Reconoce el contexto histórico de la literatura.

Conocer el período histórico en que fue escrita una obra te ayudará a comprender las palabras e ideas del autor. La introducción a esta unidad provee antecedentes de la época. Lee las selecciones en el contexto de esta información.

Vuelve a leer o sigue leyendo.

- Vuelve a leer una oración o frase para hallar las conexiones entre las palabras o conecta las ideas en varias oraciones para entender el pasaje.
- Sigue leyendo. Algún detalle que no entiendas puede que lo comprendas al seguir con la lectura.

Reconstruye las oraciones largas y confusas.

- No leas las oraciones palabra por palabra sino en secciones que tengan sentido.
- Deduce el tema (de qué se trata la oración). Luego, determina qué dice la oración sobre este tema. Posiblemente necesites volver a ordenar las partes de una oración o quitar del medio otros grupos de palabras para lograrlo.

Usa las claves del contexto.

El contexto lo constituyen las palabras, frases y oraciones que rodean una palabra. A menudo puedes usar claves en el contexto para deducir el significado de una palabra. Por ejemplo, observa este pasaje del diario de Colón: *Después de haber* engullido *una comida, fuimos a la costa...*

Es posible que la palabra *engullir* no te resulte conocida, pero la palabra *comida* te da la clave de que en este caso, probablemente, se trate de comer o de acabar apresuradamente una comida.

Repite para entender.

- Repite una oración o párrafo en tus propias palabras.
- Resume en lugares apropiados, repasando las ideas principales de lo que ha sucedido. Presta atención a los detalles que parecen importantes.

Busca palabras indicadoras.

Las palabras indicadoras indican el orden cronológico, la importancia y otras relaciones entre ideas.

A medida que leas el próximo pasaje del diario de Colón, presta atención a las notas a los costados de la página. Estas notas demuestran cómo aplicar estas estrategias en tu lectura.

from *Journal of the First Voyage to America*
del *Diario del primer viaje a América*
Cristóbal Colón

*Esta narración comienza a los nueve días del desembarco de
Colón en San Salvador.*

Domingo, 21 de octubre [1492]. A las 10, llegamos al cabo de
la isla[1] y anclamos acompañados por las otras embarcaciones.
Después de engullir una comida, fuimos a la costa y no hallamos
habitantes, excepto una sola vivienda y sin ocupantes: no
tuvimos dudas de que la gente había escapado aterrorizada
ante nuestra aproximación ya que la casa estaba totalmente
amueblada. Ordené que no tocaran nada y fui con mis
capitanes y algunos tripulantes a observar el paisaje. Esta isla
aun excede a las otras en belleza y fertilidad. Abundan tanto
los bosques de árboles inmensos y floridos, como también
grandes lagos rodeados y casi ocultos por el follaje de manera
encantadora. Todo se ve tan verde como en Andalucía[2] en
abril. La melodía de los pájaros era tan exquisita que uno no
hubiera querido irse nunca del lugar y las bandadas de loros
oscurecían los cielos. La diferencia en la apariencia de la tribu
emplumada con aquéllas de nuestro país es extremadamente
curiosa. Miles de árboles de todas clases con sus frutos a la
mano y con un aroma maravillosamente delicioso. Fue una
gran aflicción para mí ser ignorante de sus naturalezas porque
estoy seguro de que son todos valiosos; he conservado
muestras de ellos y de las plantas. Bordeando uno de estos
lagos, vi una serpiente, que matamos y me quedé con la piel
para Su Majestad; después de haber sido descubierta, fue
hacia el agua, onde[3] la seguimos porque no era profundo y la
acabamos con nuestras lanzas; tenía siete palmos[4] de largo;
creo que hay muchas más de éstas por aquí. También descubrí
el árbol de aloe y estoy decidido a abordar el barco mañana
con diez quintales[5] de él puesto que me han dicho que es
valioso. Mientras buscábamos agua buena nos encontramos
con una aldea de nativos cerca de media legua de donde
yacían las embarcaciones; al descubrirnos, los habitantes
abandonaron sus casas y escaparon llevándose sus
pertenencias a la montaña. Ordené que no se tomara nada
de lo que habían dejado, ni siquiera un alfiler.

Al cabo, vimos varios de los nativos avanzando hacia nuestro
grupo y uno de ellos, se nos acercó, a quien le dimos unos

Usa las claves del contexto para descubrir que engullir, usado de esta manera, significa "acabar rápidamente una comida".

Sigue leyendo para ver si Colón mantiene este grado de respeto por los nativos de la isla.

Reconoce el contexto histórico. Es posible que Colón quisiera adular a quienes le apoyaban económicamente para conseguir fondos en el futuro.

Colón usa las **palabras indicadoras** "Mientras buscábamos agua buena" para mostrar que el grupo no está sólo de visita, sino que busca con un propósito.

Vuelve a leer esta oración para asegurarte de que Colón respeta la propiedad ajena.

---

1. **la isla:** San Salvador.
2. **Andalucía:** Región de España.
3. **onde:** donde
4. **palmo** *s.:* unidad de medida, cerca de diez pulgadas
5. **quintal** *s.:* unidad de peso, igual a 100 libras

◆**Amplía tu vocabulario**
exquisita *adj.:* muy hermosa, delicada, cuidadosamente elaborada
aflicción *s.:* algo que causa dolor o sufrimiento

cascabeles de halcón y cuentas de vidrio con lo que quedó encantado. A cambio, le pedimos agua y, después de haber vuelto a bordo de la nave, los nativos llegaron a la costa con sus calabazas[6] llenas, y mostraron gran placer en ofrecérnoslas. Ordené más cuentas de vidrio para darles y prometieron volver al día siguiente. Mi deseo es llenar de agua todos los barriles de las naves en este lugar, y una vez realizada la tarea, deberé partir inmediatamente, si el tiempo lo permite, y navegar alrededor de la isla, hasta reunirme con el rey, para ver si puedo adquirir algo del oro que he oído posee.

Después, deberé alistar las velas hacia otra isla grande que creo es *Cipango*,[7] de acuerdo a las indicaciones que recibí de los indios a bordo. Ellos la llaman Isla de *Colba*,[8] y dicen que hay muchas embarcaciones grandes y marineros. Ésta otra isla que llaman *Bosio*[9] y me dicen que es muy grande; las otras que están en nuestro rumbo, deberé examinar al pasar y, según halle oro o especias en abundancia, determinaré qué hacer; en todo caso, estoy decidido a dirigirme hacia el continente y visitar la ciudad de Guisay[10] onde deberé entregar cartas de Su Majestad al *Gran Can*,[11] y exigir una respuesta, con la que debo retornar.

> **Reconstruye** esta oración larga separando frases y descartando detalles descriptivos. Podrás llegar a: Quiero llenar los barriles de agua y partir. Navegaré alrededor de la isla para encontrarme con el rey. Quiero su oro.

> **Di en tus propias palabras** esta oración así: En mis viajes, buscaré riquezas. Mi objetivo principal es llegar al continente. En Guisay, me encontraré con el Gran Can y actuaré como diplomático del rey y la reina.

---

6. **calabaza** *s.:* fruto seco y hueco usado como vasija
7. **Cipango:** Nombre antiguo de Japón.
8. **Colba:** Cuba.
9. **Bosio:** Probablemente la isla en la que hoy están la República Dominicana y Haití.
10. **Guisay:** La Ciudad de los Cielos, el nombre dado por Marco Polo a la residencia de Kublai Khan.
11. **Gran Can:** Kublai Khan.

◆**Amplía tu vocabulario**
indicación *s.:* señal, cosa que señala o indica
abundancia *s.:* gran cantidad; más de lo necesario

Para responder

Verifica tu comprensión

1. ¿Cómo reaccionó Colón frente al paisaje?

2. Según Colón, ¿por qué estaban las viviendas vacías cuando él llegó con su tripulación?

3. ¿Cuánto tiempo pensaba pasar Colón en esta isla?

Pensamiento crítico

Interpreta

1. ¿Cómo puedes saber que Colón estaba impresionado con la belleza de la isla? **[Respalda]**

2. ¿Cuál parece ser la razón principal de Colón al elegir "muestras" para mandar a España? **[Analiza]**

3. Según Colón, ¿cómo fue el primer encuentro con los nativos? **[Generaliza]**

Evalúa

4. Si Colón escribía para generar apoyo en el futuro, ¿justificó bien el valor de sus exploraciones? **[Haz un juicio]**

Aplica

5. ¿En qué se diferenciaría este relato si hubiera sido escrito por un miembro de la tripulación? **[Formula una hipótesis]**

6. ¿En qué se diferenciaría este relato si hubiera sido escrito por un nativo que observara las acciones de los miembros de la tripulación? **[Formula una hipótesis]**

Reading for Success
Para leer con éxito

Estrategias para configurar el significado

Cuando lees una obra literaria, quieres saber qué quiere decir. ¿Por qué la escribió el autor? ¿Qué pretende comunicar? ¿Qué significa para ti? Al buscar respuestas a preguntas como éstas, hallas el sentido que tiene la obra para ti.

Hallar el sentido de una obra literaria es un proceso en el que estudias las ideas del autor a la luz de lo que ya sabes. Hay muchas maneras de hacerlo. Aquí tienes algunas estrategias para orientarte en el proceso.

Haz inferencias.

No siempre los escritores te dicen todo. Necesitas "leer entre líneas" para deducir las ideas que los autores sugieren pero no dicen. A menudo, ofrecen detalles y acciones de un personaje que te permiten inferir información sobre el mensaje del autor.

Saca conclusiones.

Una conclusión es una declaración que puedes hacer basándote en los detalles del texto. Una serie de inferencias pueden llevarte hacia una conclusión.

Reconoce los propósitos del autor.

Debes conocer los puntos de vista de un autor sobre un tema. Un escritor que está fuertemente inclinado hacia una u otra posición, no es imparcial. Considera los propósitos del escritor. ¿Quiere hacerte creer lo que él o ella cree? Este factor puede afectar el sentido de una obra.

Distingue un hecho de una opinión.

Un hecho es una declaración que puede comprobarse. Una opinión es lo que alguien cree, no necesariamente respaldada por los hechos. Cuídate de pensar que una opinión es un hecho e investiga si el escritor o escritora puede respaldar sus opiniones.

Interpreta la información.

- Explícate el sentido o significado de lo que está diciendo el autor.
- Repite el mensaje del autor.

Usa tu conocimiento previo de la época histórica.

El clima político y las tendencias intelectuales de una época específica se reflejan en sus obras literarias. Usa la información de la introducción para esta unidad mientras leas las selecciones.

Mientras lees el siguiente pasaje de *La autobiografía* de Benjamin Franklin, mira las anotaciones al margen de la página. Estas notas demuestran cómo aplicar estas estrategias a una obra literaria.

from *The Autobiography*
de *La autobiografía*
Benjamin Franklin

Alrededor de esta época fue que concebí el proyecto atrevido y <u>arduo</u> de llegar a la perfección moral. Deseaba vivir sin cometer ninguna falta, nunca; controlaría todo lo que fuera inclinación natural, costumbre o influencia que pudiera conducirme hacia ello. Como sabía, o creí que sabía, lo que estaba bien o mal, no veía cómo no podría hacer lo uno y evitar lo otro. Pero pronto descubrí que me había metido en una empresa más difícil de lo que había imaginado. Mientras me ocupaba en cuidarme de una falta, a menudo era sorprendido por otra; el hábito se aprovechó de la ventaja de lo desatendido; a veces, la inclinación fue demasiado fuerte como para razonar. En definitiva, llegué a la conclusión de que la misma convicción especulativa que nos interesaba para ser completamente virtuosos, no era suficiente para prevenir nuestros deslices; y que los malos hábitos debían eliminarse, y los buenos, lograrse y establecerse antes de poder depender de una rectitud de conducta continua y uniforme. Por lo tanto, para lograrlo, inventé el siguiente método.

En los muchos recuentos de las virtudes morales que hallé en mis lecturas, encontré el catálogo más o menos numeroso, porque distintos escritores incluyen más o menos ideas con el mismo nombre. La templanza, por ejemplo, según algunos, se remitía a comer y beber, mientras que otros la extendían para expresar el control de todo otro placer, apetito, inclinación o pasión, corporal o mental, aun para nuestra <u>avaricia</u> y ambición. Me propuse, por consideración a la claridad, que era mejor usar más nombres con menos ideas asociadas a cada uno, que unos pocos nombres con más ideas; y llegué a trece nombres de virtudes que en ese tiempo se me ocurrían necesarias o deseables y junto a cada una, agregué un precepto breve que expresaba la extensión que le daba a su sentido.

Los nombres de estas virtudes, con sus preceptos eran:

1. TEMPLANZA No comas hasta la pesadez; no bebas hasta la exaltación.

2. SILENCIO Habla sólo lo que pueda beneficiar a los otros o a ti mismo; evita la conversación <u>frívola</u>.

El **propósito** de Franklin parece ser el de impresionar a los lectores con sus buenas intenciones y el esmero de sus esfuerzos.

Franklin comienza este párrafo explicando **objetivamente** cómo planeaba lograr la perfección moral. Concluye el párrafo con la **opinión** de que la virtud no es algo con lo que se nace sino que uno debe trabajar constantemente para obtenerla.

◆**Amplía tu vocabulario**
arduo *adj.*: difícil
avaricia *s.*: deseo de riquezas
frívolo *adj.*: sin sentido, innecesario

3. ORDEN Haz que todas tus cosas tengan un lugar: deja que cada porción de tus asuntos tenga su tiempo.

4. CONSTANCIA Decide realizar lo que debes; realiza sin falla lo que decidiste.

5. FRUGALIDAD Haz el bien a los demás o a ti mismo sin crear gastos: es decir, no desperdicies nada.

6. APLICACIÓN No pierdas tiempo; ocúpate siempre de algo útil; evita toda acción innecesaria.

7. SINCERIDAD No uses engaños dañinos; piensa con inocencia y justicia y, si hablas, habla de acuerdo a esto.

8. JUSTICIA No hieras inapropiadamente a nadie haciendo o no haciendo lo que es tu deber.

9. MODERACIÓN Evita los extremos; evita el rencor a los insultos, aunque creas que lo merecen.

10. LIMPIEZA No toleres la suciedad en tu cuerpo, vestimenta o habitación.

11. TRANQUILIDAD No te perturbes con trivialidades o con accidentes comunes o inevitables.

12. CASTIDAD

13. HUMILDAD Imita a Jesús y a Sócrates.[1]

> De esta lista puedes **inferir** que Franklin es organizado y diligente.

Como mi intención era lograr el *hábito* de todas estas virtudes, juzgué que sería bueno no distraer mi atención tratando todas a la vez sino concentrarme de a una por vez; y, cuando dominara una, entonces, seguir con la otra, y así, hasta haber pasado por las trece; y, como la previa adquisición de algunas podría facilitar la adquisición de otras, las ordené con esa perspectiva, como se ve más arriba. La *Templanza* primero, ya que tiende a dar esa frialdad y claridad mental, tan necesaria para mantener una vigilancia constante y permanecer en guardia contra la atracción incesante de viejos hábitos y la fuerza de las tentaciones perpetuas. Una vez conseguido y establecido esto, el *Silencio* sería más fácil; y mi deseo de ganar conocimiento al mismo tiempo que mejoraba en virtud, y considerando que en la conversación se obtenía más por el uso de los oídos que por el de la lengua, y por lo tanto, deseando romper el hábito que se estaba convirtiendo en parloteo, juego de palabras y bromas que sólo me hacía

---

1. **Sócrates**: Filósofo y maestro griego (470?–399 a.C.).

aceptable a compañía frívola, le di el segundo lugar al *Silencio*. Éste y el próximo, el *Orden*, esperé que me dieran más tiempo para cuidar de mi proyecto y mis estudios. Una vez que se hizo hábito la *Constancia*, me mantendría firme en mis esfuerzos para obtener todas las virtudes siguientes; la *Frugalidad* y la *Aplicación* me liberarían de mi deuda restante y producirían abundancia e independencia, me harían más fácil la práctica de la *Sinceridad* y la *Justicia*, etc., etc. Concibiendo entonces, que, de acuerdo al consejo de Pitágoras[2] y sus *Versos de oro*, sería necesario un examen diario, llegué al método siguiente para llevar a cabo ese examen.

Hice un libro pequeño, en el que dediqué una página a cada una de las virtudes, dividí cada página con tinta roja para tener siete columnas, una por cada día de la semana, marcando cada columna con la letra del día. Crucé estas columnas con trece líneas rojas, marcando el principio de cada línea con la primera letra de una de las virtudes, en cada línea y en la columna apropiada marcaría con un pequeño punto negro, cada error cometido después del examen, de acuerdo a la virtud ese día.

Decidí darle atención estricta a cada virtud sucesivamente. Por lo tanto, en la primera semana, mi gran cuidado fue evitar aun la menor ofensa contra la *Templanza*, dejándole a las demás virtudes las posibilidades comunes, marcando sólo cada noche, los errores del día. De modo que en la primera semana podría mantener mi primera línea titulada T, libre de puntos, supuse que el hábito de esa virtud tan fortalecido y su debilidad opuesta, que podría tentar extender mi atención para incluir la próxima, y en la semana siguiente mantener ambas líneas libres de puntos. Siguiendo de esta manera hasta la última, podría pasar por un curso completo en trece semanas, y cuatro cursos en un año. Y como el que tiene que librar de yuyos[3] un jardín, no pretende erradicar todas las malas hierbas a un tiempo, ya que eso excedería su alcance y fortaleza, sino que trabaja los canteros de a uno, y luego de terminar con el primero, sigue con el segundo, así deberé tener, espero, el placer alentador de ver en mis páginas el progreso que hice en virtud, librando exitosamente mis líneas de puntos, hasta el final, con varios cursos, deberé estar feliz viendo un libro limpio, después de trece semanas de exámenes diarios…

El precepto del *Orden* requiriendo que *cada parte de mi*

> Los detalles del enfoque metódico de Franklin te lleva a **inferir** que está dedicado con seriedad a su objetivo.

---

2. **Pitágoras**: Filósofo y matemático griego que vivió en el siglo VI a.C.
3. **yuyo** *s.:* mala hierba

asunto deberá tener su tiempo, una página en mi pequeño libro, contenía el siguiente esquema del empleo de las veinticuatro horas de un día normal.

MAÑANA.	5	Levantarse, lavarse y
Pregunta: ¿Qué cosas	6	¡dirigirse a la *Bondad*
buenas debo hacer hoy?		*Suprema*! Lograr el asunto
		del día y tomar la decisión
		del día; proseguir con el
	7	estudio presente, y desayunar.
	8	
	9	Trabajo.
	10	
	11	
MEDIODÍA.	12	Leer o revisar mis cuentas y
		almorzar.
	1	
	2	
	3	Trabajo.
	4	
TARDE.	6	Colocar las cosas en
Pregunta: ¿Qué cosas	7	su lugar. Cena. Música o
buenas hice hoy?	8	diversión o conversación.
	9	Examen del día.
	10	
	11	
NOCHE.	12	
	1	Dormir.
	2	
	3	
	4	

Me dediqué a la ejecución de este plan de autoexaminación y lo continué con intermisiones ocasionales por un tiempo. Me sorprendió hallarme más lleno de errores de lo que imaginaba: pero tuve la satisfacción de verlos disminuir. Para evitar el problema de renovar de vez en cuando mi pequeño libro, el que, al borrar las marcas de viejas faltas en el papel para dar lugar a las nuevas en un nuevo curso se llenó de agujeros, transferí mis tablas y preceptos a las hojas de marfil de un libro de anotaciones en el que las líneas estaban en tinta roja que producía manchas durables, y en esas líneas anoté mis errores con un lápiz de mina negra, cuyas marcas podría borrar fácilmente con una esponja húmeda. Después de un tiempo hice un solo curso en un año y después, sólo uno en varios años, hasta que al fin los omití totalmente, ya que estaba ocupado en viajes, negocios fuera del país, con una cantidad de asuntos que interfirieron; pero siempre llevé conmigo mi pequeño libro.

Mi esquema de *Orden* fue el que me dio más problemas; y hallé que, aunque puede ser practicable si el trabajo de un hombre le permitiera disponer del tiempo, como en el caso de un aprendiz de impresor, por ejemplo, pero que era imposible ser observado estrictamente por un maestro impresor, el que debe mezclarse con el mundo y a menudo recibir a gente de negocios a sus propias horas. El *Orden*, que también se refiere al lugar de las cosas, papeles, etc., hallé extremadamente difícil de conseguir. No fui acostumbrado temprano y, teniendo una memoria excesivamente buena, no era tan sensible a la inconveniencia de lo que la falta de organización ocasiona.

Por lo tanto, este artículo me costó tanta atención penosa, y mis errores en él me irritaron tanto, y progresé tan poco en rectificarlos y tuve recaídas tan frecuentes, que estaba listo para darme por vencido en el intento, y aceptar mi carácter deficiente en ese respecto, como el hombre que, habiendo comprado un hacha a un herrero, mi vecino, deseaba tener toda su superficie tan brillante como el filo. El herrero consintió en pulirla si él hacía girar la rueda; lo hizo, mientras el herrero apoyaba fuertemente la cara ancha del hacha contra la piedra lo que hacía su movimiento muy fatigoso. Cada tanto, el hombre miraba cómo iba el trabajo y después de un tiempo, estaba listo para aceptar el hacha como estaba para no tener que seguir trabajando.

Interpreta este pasaje para entender que Franklin espera que, con el tiempo, logrará la perfección que procura.

Según esta información y tus inferencias previas, **saca la conclusión** de que, a pesar de sus esfuerzos, Franklin fracasó en conseguir la perfección.

El **contexto histórico** hace esta anécdota sobre el hacha apropiada. En esa época, las hachas eran usadas comúnmente.

◆**Amplía tu vocabulario**
disponer *v.*: usar, organizar

—No —dijo el herrero—. Sigue, sigue; deberemos dejarla bien brillante; ahora está sólo jaspeada.[4]

—Sí —dijo el hombre—, pero creo me gusta más un hacha jaspeada.

Y creo que éste debe haber sido el caso de muchos, que, por la falta del método que yo poseía, hallaron la dificultad de obtener los buenos y eliminar los malos hábitos en otros temas de vicio y virtud, abandonaron la lucha y concluyeron que "un hacha jaspeada era mejor"; pues algo que pretendía ser la razón, de vez en cuando, me sugería que semejante recato como me impuse podría ser un tipo de <u>perifollo</u> en cuanto a la moral, lo que, si se supiera, me ridiculizaría; que un temperamento perfecto podría tener que soportar ser envidiado y odiado; y que un hombre benevolente debe permitir algunas faltas en sí mismo para mantener a sus amigos serenos.

Reconoce la **opinión** de Franklin que la gente detesta el éxito en los demás. Él usa esta creencia como excusa para no ser "perfecto".

En verdad, me hallé incorregible con respecto al *Orden*; y ahora que soy más viejo y tengo mala memoria, siento que desearía tenerlo. Pero, en general, aunque nunca llegué a la perfección que había estado tan deseoso de obtener, y no pude ir muy lejos, aun así fui, por el esfuerzo, un hombre mejor y más feliz que de otra manera hubiera sido si no lo hubiera intentado; como aquéllos que desean escribir perfectamente imitando las copias de los grabados, aunque no llegan nunca la excelencia de esas copias, su caligrafía es mejorada por el esfuerzo y se tolera cuando continúa clara y legible.

Interpreta este pasaje como que Franklin no se arrepiente de no haber logrado la perfección pero que es una persona mejor por haber tratado.

Sería bueno que mi posteridad fuera informada que, a este pequeño artificio, con la bendición de Dios, su ancestro debía la felicidad constante en su vida, hasta sus setenta y nueve años, cuando escribió esto. Cualquiera que sean las malas fortunas que esperan en el futuro, están en manos de la Providencia; pero si llegan, la reflexión sobre la pasada felicidad disfrutada debe ayudar a soportarlas con más resignación. En cuanto a la *Templanza*, él atribuye a ella su larga y continuada buena salud, y lo que todavía le queda de una buena constitución: en cuanto a la *Aplicación* y la *Frugalidad*, la facilidad temprana de sus circunstancias y la adquisición de su fortuna, con todo ese conocimiento que le permitió ser un ciudadano útil y haber logrado un cierto grado de reputación entre lo aprendido; a la *Sinceridad* y la *Justicia*, la confianza de

Franklin admite la **motivación** de querer quedar bien ante los ojos de sus descendientes. También quiere mostrar que obtuvo algunos resultados positivos en su vida.

---

4. **jaspeado** *adj.*: con manchas

◆**Amplía tu vocabulario**
perifollo *s.*: presunción, afectación

su país y las actividades honorables otorgadas; y a la unión
de la influencia de todo el grupo de virtudes, aun en el estado
imperfecto de lo que pudo lograr, toda esa uniformidad de
temperamento y esa jovialidad en la conversación, lo que hace
su compañía buscada y agradable, hasta para sus conocidos
más jóvenes. Espero, por lo tanto, que algunos de mis
descendientes sigan el ejemplo y cosechen los beneficios.

Para responder

Verifica tu comprensión

1. En tus propias palabras, explica en términos generales el plan de Franklin para lograr la perfección moral.

2. Explica por qué Franklin incluyó al *Silencio* en su lista de virtudes.

3. Bajo la virtud de *Orden*, Franklin establece una rutina diaria. ¿Cuáles son las actividades a las que dedica tiempo cada día?

4. ¿Qué aspectos del plan de Franklin no salieron como él esperaba?

Pensamiento crítico

Intrepreta

1. ¿Por qué Franklin incluye el relato del hombre con el hacha jaspeada? **[Analiza]**

2. ¿De qué modo cambió con el tiempo la perspectiva de Franklin sobre la importancia de lograr la perfección moral? **[Compara y contrasta]**

3. ¿Qué beneficios cree Franklin que, con el tiempo, logró con sus esfuerzos de llegar a la perfección moral? **[Analiza causa y efecto]**

Aplica

4. ¿De qué modo el análisis del comportamiento contribuye al crecimiento personal? **[Sintetiza]**

Desarrolla

5. Mucha gente usa agendas organizadas como la página de las actividades diarias de Franklin. ¿Cuáles son los beneficios de ese sistema? **[Relación con las ocupaciones]**

Reading for Success
Para leer con éxito

Estrategias para la lectura crítica

Cuando lees una obra que presenta la perspectiva o las ideas de un escritor sobre un tema, es mejor que leas críticamente. De esta manera, analizas las ideas del autor, especialmente a la luz de sus intenciones. También puedes evaluar la información que incluye o excluye como apoyo y formar un juicio sobre la validez de la obra. Aquí tienes estrategias específicas que te ayudarán a leer de manera crítica.

Infiere.

No siempre los escritores dicen todo lo que piensan. A menudo sugieren o implican ideas que quieren que capten sus lectores. Necesitas inferir el objetivo o mensaje del autor observando los detalles y la información dada.

Reconoce el motivo del autor y sus inclinaciones.

* Las motivaciones del autor pueden convencerte, informarte o sólo entretenerte. Entiende que puede influenciarte lo que incluye y cómo decide presentar el material.
* A menudo, los escritores, deliberadamente o no, presentan un tema a través de sus propias inclinaciones, es decir, su punto de vista sobre un tema. Busca los factores que puedan influenciar la opinión del escritor. Por ejemplo, la creencia de Fuller y Emerson en la filosofía trascendental influenció sus actitudes hacia la revista.

Evalúa las ideas principales o declaraciones del escritor.

La evaluación te obliga a hacer juicios críticos. Debes pesar la evidencia que ofrece el autor en relación a un tema. Considera si los ejemplos, razones o ilustraciones usadas para respaldar las ideas son buenas y efectivas.

Cuestiona el texto.

No necesitas aceptar siempre lo que dice el escritor. Cuestiona sus declaraciones, puntos de vista, descripciones y presentaciones. ¿Los personajes y situaciones son reales? ¿El escritor obvió la información que debió ser considerada? La evidencia del autor, ¿es apropiada y válida?

Evalúa la obra del autor.

Aplica tu juicio crítico a la obra como un todo. Mientras á analizas en su totalidad, considera preguntas como éstas: ¿Son lógicas las declaraciones o puntos de vista? ¿El material está organizado con claridad? ¿Los puntos de vista del escritor son interesantes y están bien respaldados?

Mientras lees el anuncio de la publicación de *The Dial*, lee las notas laterales. Estas notas demuestran cómo aplicar las estrategias a una obra de no ficción.

The Announcement of The Dial
Anuncio de la publicación de The Dial
Margaret Fuller y Ralph Waldo Emerson

Pedimos la atención de nuestros compatriotas a una nueva concepción. Posiblemente, nuestra Revista no aparecerá de un modo totalmente inesperado o sin anuncio, a pesar de las pequeñas penurias que se han sufrido para asegurar su bienvenida.

Aquéllos que participaron directamente en la edición del Número presente, no pueden acusarse de ninguna audacia indecorosa, sino de retraso, cuando recuerden cuán a menudo, en muchos círculos privados fue proyectada la obra, cuán altamente deseada y sólo pospuesta, porque nadie se dispuso a combinar y concentrar los ofrecimientos espontáneos de muchos cooperantes. Con cierta renuencia, los conductores actuales de este trabajo han cedido a los deseos de sus amigos, hallando algo sagrado que no se debe resistir en la importunidad que urgió la producción de una Revista con un nuevo espíritu.

> **Infiere** que esta referencia a los "círculos privados" indica que hay una audiencia para la revista.

Como no se propusieron al trabajo, tampoco pueden depositar ninguno de los reclamos a una opción o determinación del espíritu en que es concebido, o a lo que es peculiar en la invención. A ese respecto, han obedecido, aunque con gran alegría, a la fuerte corriente de los pensamientos y sentimientos, lo que, desde hace unos años, ha llevado a muchas personas sinceras en Nueva Inglaterra a pedir nuevas cosas en la literatura y a reprobar[1] ese rigor de nuestras convenciones de religión y educación que nos ha tornado en piedras, que renuncia a la esperanza, que sólo mira hacia atrás, que pide únicamente un futuro como el pasado, que sospecha del progreso y que no considera nada con más horror que las nuevas ideas y los sueños de la juventud.

> **Cuestiona** esta declaración indicando la importante literatura escrita durante esa época.

Con estos terrores, los conductores de la presente Revista no pueden hacer nada, ni siquiera una palabra de reproche pueden gastar. Saben que hay una porción de la juventud y de la población adulta en este país que no los comparte; que se inclinan en secreto o en privado hacia la verdad y la libertad; que aman la realidad lo suficiente como para importarles los nombres y los que viven por la Fe tan sincera y profunda como para dudar de la eternidad de su objetivo o para liberarse de

> **Reconoce el motivo de los autores:** Ésta es la gente a la que los escritores quieren llegar.

---

1. **reprobar** *v.*: rechazar, desaprobar

su autoridad. Bajo las ficciones y costumbres que ocupan a los demás, éstos han explorado lo Necesario, lo Simple, la Verdad, lo Humano, y han ganado una posición más elevada y panorámica de la historia del pasado y del presente.

Nadie puede conversar mucho con las diferentes clases de Nueva Inglaterra, sin notar el progreso de una revolución. Aquéllos involucrados en ella no tienen organización externa, insignia, credo o nombre. No votan, no imprimen y ni siquiera se reúnen. No se conocen las caras ni los nombres. Están unidos sólo en un amor común a la verdad y en el amor a su trabajo. Son de todas las condiciones y constituciones. De estos acólitos,[2] si bien algunos son bien nacidos y educados, muchos están mal vestidos, mal colocados, mal hechos —con tantas cicatrices de corrupción como otros hombres. Sin pompa, sin trompetas, en lugares solitarios y oscuros, en soledad, en servidumbre, en <u>contriciones</u> y <u>privaciones</u>, caminando pesadamente detrás de las bestias por un camino polvoriento o sirviendo mercenariamente en los maizales ajenos, maestros que enseñan a unos pocos niños los <u>rudimentos</u> por una <u>miseria</u>, clérigos de pequeñas parroquias de las sectas más oscuras, mujeres solas en condición de dependencia, matronas y jóvenes doncellas, ricos y pobres, bellos y no muy favorecidos, sin convenio o proclamación de ninguna clase, se han entregado silenciosamente en sus varias adherencias a una nueva esperanza, y en todos los grupos realmente indican una mayor confianza en la naturaleza y en los recursos del hombre que lo que las leyes o las opiniones populares permiten con beneplácito.

Este espíritu de los tiempos lo siente de manera diferente cada individuo, según proyecta su luz sobre los objetos más cercanos a su temperamento y hábitos o pensamientos; para alguno, viene en forma de reformas especiales en el estado; para otro, en modificaciones en varios campos y en las prácticas de los negocios; para un tercero, en la apertura a un nuevo alcance de la literatura y el arte; para un cuarto, en perspicacias filosóficas; para un quinto, en las amplias soledades de la plegaria. Es en todas sus maneras, una protesta contra el uso y una búsqueda de principios. En todos sus movimientos, es pacífico y como mínimo, marcado con un éxito triunfante.

Por supuesto, este espíritu despierta la oposición de todos los que enjuician y condenan, pero está muy seguro en su tono

> Con los detalles presentados, puedes **inferir** que es una audiencia grande.

> Este pasaje revela las **inclinaciones de los autores** en su apoyo de la nueva filosofía.

---

2. **acólito** *n.*: seguidor de un sistema de creencias, tambien asistente de órdenes religiosas

◆**Amplía tu vocabulario**
contrición *s.*: ansiedad, arrepentimiento
privación *s.*: pérdida de lo poseído anteriormente
rudimento *s.*: destreza fundamental
miseria *s.*: muy poca paga

para comprender una objeción y no se prepara para una posible defensa contra posibles enemigos <u>fortuitos</u>. Tiene la categoría del Destino y continúa existiendo como un roble o un río, porque tiene que hacerlo.

En la literatura, esta influencia aún no aparece en los libros nuevos tanto como en los altos tonos de la crítica. El antídoto para todas las estrecheces es la comparación del registro con la naturaleza, que al mismo tiempo minimiza al registro y estimula nuevos intentos. Cuando observamos esto, nos preguntamos cómo cualquier libro se ha considerado digno de ser preservado.

Cuestiona esta declaración. ¿Crees que alguna literatura anterior merecía ser preservada?

Hay algo en toda vida que no se puede traducir al lenguaje. El que mantiene el ojo en eso escribirá mejor que otros y dará menos valor a su escritura y a todos los escritos. Cada pensamiento tiene cierta cualidad de prisión tanto como de liberación y, en proporción con la energía del impulso, se niega a convertirse en un objeto de contemplación intelectual. Por lo tanto, lo que es grandioso en general se nos escapa de los dedos y parece maravilloso que una palabra viva pueda ser escrita jamás. Si nuestra Revista comparte los impulsos de la época, no puede establecer ahora su propio futuro. No puede anticipar en proposiciones ordenadas lo que debiera procurar.

Toda crítica debe ser poética; impredecible: <u>supeditándose</u>, como todas las nuevas ideas a todo pensamiento previo, e iluminando el mundo entero. Su ceño no está fruncido con <u>circunspección</u>, sino sereno, entusiasta, adorador. Tiene todo que decir y no menos que todo el mundo para su audiencia final.

Nuestro plan abarca mucho más que la crítica; si no fuera así, sería dañino. Todo lo noble está dirigido a la vida y esto lo es. No deseamos decir cosas bonitas o curiosas, o <u>reiterar</u> algunas proposiciones de variadas maneras, pero, si podemos, dar expresión a ese espíritu que eleva a los hombres a una plataforma más alta, les repara el sentimiento religioso, otorga objetivos valiosos y placeres puros, depura el ojo interno, hace la vida menos vaga[3] y nos eleva al nivel de la naturaleza, le quita melancolía al paisaje y reconcilia los poderes prácticos con los especulativos.

Evalúa el respaldo de la declaración de que todo lo noble se dirige hacia la vida.

Pero tal vez estamos contando nuestra pequeña historia demasiado seriamente. Siempre hay grandes argumentos a

---

3. **vago** *adj.*: sin ulilidad

◆**Amplía tu vocabulario**
fortuito *adj.*: impredecible
supeditar *v.*: poner después o debajo
circunspección *s.*: prudencia, cuidado
reiterar *v.*: repetir o volver a decir

mano para la acción pura, aun para escribir algunas páginas. Todo parece cerca, todo lo instiga, la esfera en la elíptica,[4] la savia en el manzano, cada hecho, cada apariencia, pareciera conducir a eso.

Nuestras intenciones se corresponden con los objetivos que hemos indicado. Como no deseamos multiplicar libros, sino relatar la vida, nuestros recursos no son tanto las plumas de escritores avezados como el discurso de los que viven y las carpetas que la amistad nos ha abierto. De los hermosos recovecos del pensamiento privado, de la experiencia y esperanza de los espíritus que se están apartando de las viejas formas y buscando en todo lo que es nuevo de alguna manera, hallarse con sus necesidades <u>inaplazables</u>; de las confesiones secretas del genio temeroso de confiarse un ardite,[5] excepto a la compasión; de las conversaciones de los piadosos fervientes y místicos; de los diarios manchados de lágrimas de pena y pasión; de los manuscritos de jóvenes poetas y de las crónicas de gusto juvenil comentando viejas obras de arte; esperamos rescatar pensamientos y sentimientos que, al estar vivos, imparten vida.

De modo que con manos diligentes y buenas intensiones hemos creado nuestro *The Dial* (Cuadrante) sobre la tierra. Deseamos que se parezca a ese instrumento en su felicidad celebrada, que no cuenta las horas, excepto las de la luz del sol. Dejémosle ser una entusiasta voz racional entre la estridencia de las voces plañideras y las <u>polémicas</u>. O para sostener nuestra imagen elegida, dejémosle ser ese Cuadrante, no como la cara muerta de un reloj, ni siquiera como la del gnomon[6] en un jardín, sino el Cuadrante del Jardín mismo, en cuyas hojas y flores y frutos, el recién despierto valora instantáneamente, no qué parte del tiempo muerto sino qué estado de vida y crecimiento acaba de llegar y está llegando.

Evalúa esta declaración. ¿Crees que los pensamientos pueden impartir vida?

---

4. **esfera en la elíptica**: el paso del sol entre las estrellas
5. **un ardite** *s.*: (arcaico) nada, en absoluto
6. **gnomon** *s.*: indicador de un reloj de sol

◆**Amplía tu vocabulario**
inaplazable *s.*: que no se puede postergar
polémica *s.*: argumento controversial, rama de la teología dedicada a refutar errores

Para responder

Verifica tu comprensión

1. ¿Dónde se originó la idea de esta revista? Explica.

2. ¿Quiénes participaban en la "revolución"? ¿Qué los unía?

3. ¿Quién iba a escribir para *The Dial*? ¿De qué iban a escribir?

Pensamiento crítico

Interpreta

1. ¿Qué caracteriza el "espíritu" de los escritores de *The Dial*? **[Infiere]**

2. ¿Cuán apropiada es la palabra "acólitos" para describir la audiencia de *The Dial*? **[Analiza]**

3. (a) ¿Qué distinción hacen los escritores entre "el jardín" y "el Jardín"? (b) ¿Por qué *The Dial* es un nombre apropiado para la nueva revista? **[Distingue; Respalda]**

Aplica

4. ¿Qué técnica del *Anuncio de la publicación de The Dial* sería la más efectiva para apelar a una audiencia actual? **[Aplica]**

Desarrolla

5. Compara un aviso sobre un nuevo producto o un avance de una película nueva con el *Anuncio de la publicacion de The Dial*. ¿En qué se parecen y en qué se diferencian? **[Relación con los medios de información]**

Reading for Success
Para leer con éxito

Estrategias para la lectura interactiva

El término interactivo se aplica a algo más que a los juegos de video y a la tecnología de las computadoras. También describe una manera de abordar tu lectura. Tus experiencias y conocimiento afectan activamente la manera en que entiendes una obra literaria. Cuanto más apliques a tu lectura, más obtendrás de ella. Usa estas estrategias como ayuda.

Utiliza tus conocimientos previos.

A medida que lees, recuerda que ya conoces el tema, en este caso, la Guerra Civil. Usa ese conocimiento para hacer conexiones con lo que dice el autor.

Pregunta.

Haz preguntas sobre las ideas importantes del texto. Haz una lista de lo que te gustaría aclarar o de los temas sobre los que te gustaría aprender. Luego, explora el texto para hallar las respuestas a tus preguntas.

Predice.

Usa la información del texto, los detalles, los diálogos y los hechos para predecir lo que pasará. Confirma o reconsidera las predicciones a medida que obtengas nueva información o entendimiento de tu lectura.

Aclara detalles e información.

Concéntrate en las secciones que parecen confusas o poco claras y usa un cuestionario para identificar la razón de tu confusión.
• Usa tu conocimiento previo para situar la información en el contexto.
• Vuelve a leer un pasaje para buscar la información que hayas pasado por alto.
• Organiza la información visualmente. Por ejemplo, para establecer detalles, podría ser más claro si los dibujaras y la relación entre los personajes sería más entendible si la representaras en una gráfica.
• Sigue leyendo. Tu confusión podría aclararse con lo que sigue en el texto.

Relaciona la literatura en el contexto histórico.

Considera el ambiente social y político en el que se desarrolla una obra escrita como parte del contexto. Determina cómo las actitudes tanto del autor como de los personajes reflejan las ideas de su época.

Expresa tu reacción.

Reflexiona sobre lo que has leído. ¿Estás de acuerdo con las ideas o las acciones de los personajes? ¿Cómo te comportarías en una situación igual?

Cuando leas "Un episodio de la Guerra" observa las notas a los costados de la página. Estas notas demuestran cómo aplicar estas estrategias en tu lectura.

An Episode of War
Un episodio de la Guerra
Stephen Crane

La manta de goma del teniente yacía en el suelo, y sobre ella había colocado la provisión de café de la compañía. Los cabos y los otros representantes de los hombres mugrientos y sedientos alineados tras el parapeto[1] habían llegado a buscar la ración de cada pelotón.

El teniente tenía el ceño arrugado y serio en esta tarea de división. Los labios fruncidos mientras dividía con su espada varias fisuras en la pila, hasta que cuadrados oscuros de café, increíblemente iguales en tamaño, aparecieron sobre la manta. El teniente estaba al borde de un gran triunfo en matemáticas y los cabos estaban apiñándose hacia adelante para tomar cada uno un cuadrado pequeño cuando, de repente, el teniente gritó y miró rápidamente al hombre que tenía cerca como si se tratara de un caso de asalto personal. Los otros también gritaron cuando vieron sangre sobre la manga del teniente.

Él había pestañeado como alguien que ha sido picado, se ladeó peligrosamente y luego se enderezó. El sonido de su respiración discordante era muy audible. Miró tristemente, místicamente, por encima del parapeto, hacia el verde del monte, donde ahora había muchas nubecillas pequeñas de humo blanco. Durante este momento, los hombres a su alrededor lo contemplaron como estatuas y en silencio, asombrados y espantados por esta catástrofe que sucedió cuando las catástrofes no se esperaban, cuando tenían el lujo de observarla.

Mientras el teniente miraba fijamente hacia el monte, ellos también giraron sus cabezas de modo que por otro instante, todos, aún en silencio, contemplaron el bosque distante como si sus mentes estuvieran fijas sobre el misterio del viaje de una bala.

El oficial, por supuesto, había sido obligado a tomar su espada con la mano izquierda. No la sostenía por la empuñadura. La tenía torpemente, por el medio de la hoja. Desviando los ojos del monte hostil, miró cómo sostenía la espada, y pareció confundido, como sin saber qué hacer con

---

1. **parapeto** *s*.: pared baja que se coloca rápidamente como defensa en una batalla

ella, dónde ponerla. En pocas palabras, esta arma se había convertido de repente en algo desconocido para él. La miraba con cierta estupefacción, como si hubiera sido dotado de un tridente, un cetro[2] o una pala.

Al fin, trató de envainarla. Envainar una espada sostenida con la mano izquierda, por el medio de la hoja, en una vaina que cuelga de la cadera izquierda, es una proeza digna de una pista de circo. Este oficial herido emprendió una desesperada lucha con la espada y la vaina bamboleante, mientras jadeaba como un luchador.

Pero en ese instante los hombres, los espectadores, despertaron de sus poses de piedra y lo rodearon compasivamente. El sargento de servicio tomó la espada y tiernamente la colocó en la vaina. En ese momento, se echó hacia atrás nerviosamente y no permitió siquiera que su dedo rozara el cuerpo del teniente. Una herida da una extraña dignidad a quien la padece. Los hombres sanos se retiran avergonzados de su nueva y terrible majestad. Era como si la mano del hombre herido se agarrara de la cortina que se cierra ante las revelaciones de toda existencia —el sentido de las hormigas, los potentados,[3] las guerras, las ciudades, la luz del sol, la nieve, una pluma caída del ala de un pájaro; y su poder destilara un resplandor frente a una forma sangrienta haciendo que los demás hombres entiendan a veces que son pequeños. Sus camaradas lo miraron pensativamente, con ojos enormes. Todavía más, temían vagamente que el peso de un dedo sobre él lo lanzara de cabeza, precipitara la tragedia, lo arrojara de una vez hacia el gris mortecino de lo desconocido. Entonces, el sargento, mientras envainaba la espada, se echó nerviosamente hacia atrás.

Hubo otros que le ofrecieron asistencia. Uno le presentó tímidamente su hombro y preguntó al teniente si se quería apoyar en él, pero éste se negó con una seña pesarosa. Tenía la mirada del que sabe que es víctima de una terrible enfermedad y entiende su impotencia. Miró con fijeza otra vez sobre el parapeto hacia el monte y entonces, volviéndose, cayó lentamente hacia atrás. Se sostuvo la muñeca derecha tiernamente con su mano izquierda, como si el brazo herido estuviera hecho de cristal quebradizo. Y los hombres se quedaron mirando en silencio hacia el monte, luego hacia el teniente desfalleciente; luego al monte, luego al teniente.

Utiliza tus conocimientos previos sobre el ejército para entender el dilema del soldado: muchas armas se toman con la mano derecha.

Aclara este movimiento extraño "viéndolo" en tu mente.

Pregunta el porqué de la reacción temerosa de los hombres. La herida del soldado puede recordarles los peligros mortales de la guerra.

Usa tu conocimiento del contexto histórico para entender que las consecuencias de las heridas recibidas durante la Guerra Civil, entre otras, eran la muerte y la amputación.

---

2. tridente s.; **cetro** s.: lanza o bastón de tres dientes; vara o bastón ornamental decorado y que simboliza la autoridad de un rey
3. potentado s.: mandatario, persona en el poder

◆**Amplía tu vocabulario**
precipitar v.: hacer suceder algo antes de lo esperado o deseado

Mientras el oficial herido abandonaba el frente de batalla, pudo ver muchas cosas que, como participante en la batalla, le eran desconocidas. Vio a un general en un caballo negro observando sobre las líneas de infantería azul hacia el monte verde que ocultaba sus problemas. Un ayudante que galopaba furiosamente detuvo su caballo súbitamente, saludó y presentó un papel. Era, asombrosamente, exactamente igual a un cuadro histórico.

En la retaguardia del general y su personal, un grupo, compuesto de un corneta, dos o tres asistentes y el portador del estandarte de la unidad,[4] todos sobre caballos enloquecidos, trabajaban como esclavos para mantenerlos sosegados, para conservar sus distancias respetuosas mientras los proyectiles tronaban en el aire cerca de ellos y hacían que sus corceles dieran furiosos saltos temblorosos.

Una batería, una masa tumultuosa y brillante, iba hacia la derecha como un torbellino. El golpeteo salvaje de los cascos, los gritos de los jinetes acusando y elogiando, amenaza y estímulo y, por último, el rugido de las ruedas, el <u>sesgo</u> de las armas brillando, llevaron al teniente a una pausa resuelta. La batería barría en curvas que agitaban el corazón: se detenía de pronto tan dramáticamente como rompe una ola sobre las rocas, y cuando se lanzaba hacia adelante esta colección de ruedas, palancas, motores, tenía una bella unidad, como si fuera un misil. Su sonido era un coro de guerra que llegaba hasta las profundidades de la emoción de un hombre.

El teniente, sosteniendo aún su brazo como si fuera de cristal, se quedó mirando esta batería hasta que todo su detalle se perdió, excepto por las figuras de los jinetes que subían y bajaban lanzando latigazos ondeados sobre la negra masa.

Más tarde, el teniente dirigió sus ojos hacia la batalla, donde los disparos crepitaban a veces como incendios forestales, otras, chisporroteaban con exasperante irregularidad, y otras, reverberaban como truenos. Vio el humo ascendiendo y multitudes de hombres que corrían y vitoreaban, o que se mantenían fijos, disparando a la distancia <u>inescrutable</u>.

El teniente se encontró con algunos rezagados, quienes le dijeron cómo hallar el hospital de campaña. Le describieron el lugar exacto. En realidad, estos hombres, que ya no tomaban

> Nota la separación del soldado del resto de la escena de la batalla. **Sigue leyendo** para hallar detalles sobre sus pensamientos y sentimientos.

---

4. estandarte de la unidad *s.*: bandera o pendón que representa una unidad militar

◆**Amplía tu vocabulario**
sesgo *s.*: inclinación
inescrutable *adj.*: imposible de ver, completamente oscuro o misterioso

parte de la batalla, sabían más de ella que otros. Hablaron de la actuación de cada compañía, de cada división, la opinión de cada general. El teniente, arrastrando su brazo herido detrás, los miró maravillado.

Al borde del camino, una brigada estaba haciendo café y zumbando con conversaciones como niñas de un internado. Varios oficiales se le acercaron y le hicieron preguntas de cosas de las que él no tenía ni idea. Uno, al ver su brazo comenzó a regañarlo. "Pero, hombre, así no es manera. Necesitas arreglar eso". Se adueñó del teniente y de la herida del teniente. Cortó la manga y dejó el brazo al desnudo, del que cada nervio se estremeció suavemente bajo su toque. Amarró su pañuelo sobre la herida, mientras refunfuñaba. Su tono permitía pensar que tenía el hábito de herirse todos los días. El teniente dejó caer la cabeza sintiendo, en esta presencia, que no sabía cómo ser herido correctamente.

Las blancas tiendas bajas del hospital estaban agrupadas alrededor de una escuela. Había aquí una conmoción singular. En primer plano, dos ambulancias con las ruedas entrelazadas en el barro profundo. Los conductores se acusaban uno a otro, gesticulando y riñendo con vehemencia, mientras que de las ambulancias, ambas llenas de heridos, cada tanto salía algún gemido. Una multitud interminable de hombres vendados iba y venía. Muchos de ellos estaban sentados bajo los árboles cuidando de sus cabezas o brazos o piernas. Había una disputa por algo en los escalones de la escuela. Sentado con su espalda contra un árbol, un hombre con una cara tan gris como una manta nueva del ejército estaba fumando serenamente una pipa de mazorca. El teniente deseó correr hacia él e informarle que se estaba muriendo.

Un cirujano ocupado pasaba cerca del teniente. "Buenos días", dijo con una sonrisa amable. Luego, vio el brazo del teniente y su cara cambió de inmediato. "Ajá, veamos esto." De repente pareció que sentía un gran desprecio por el teniente. Esta herida colocaba evidentemente al teniente en un plano social muy bajo. El médico gritó con impaciencia, "¿Qué cabeza de borrego ató esto de esta manera?". El teniente contestó, "Oh, un hombre".

Cuando fue expuesta la herida, el médico la tocó <u>desdeñosamente</u>. "Hum", dijo, "ven conmigo y te atenderé".

> Usa los vívidos detalles de esta oración y **reacciona** a la situación del soldado. Es posible que entiendas el dolor que estaría sintiendo.

◆**Amplía tu vocabulario**
desdeñosamente adv.: mostrando desprecio o desdén

Su voz tenía el mismo tono de desprecio como si le estuviera diciendo: "Tendrás que ir a la cárcel".

El teniente había estado muy dócil, pero ahora su cara enrojeció y miró al médico a los ojos. "Supongo que que no me lo amputarán", dijo.

"¡Qué va, hombre! ¡Qué va! ¡Qué va!" exclamó el médico. "Ven conmigo. No voy a amputarlo. Ven. No seas niño".

"Suélteme", dijo el teniente, reteniendo el brazo rabiosamente, su mirada fija en la puerta de la vieja escuela, tan siniestra para él como los portales de la muerte.

Y éste es el relato de cómo el teniente perdió su brazo. Cuando volvió a su casa, sus hermanas, su madre, su esposa, sollozaron durante mucho tiempo al ver la manga vacía. "Bueno", dijo, con cara de vergüenza frente a esas lágrimas, "no creo que importe tanto, después de todo".

¿Le crees al doctor? **Predice** lo que le sucederá al teniente.

Para responder

Verifica tu comprensión

1. Ofrece dos razones por las que los camaradas del teniente "lo miraron pensativamente, con ojos enormes" pero no lo tocaron en "Un episodio de la Guerra".

2. Finalmente, ¿qué tratamiento administra el médico al teniente?

Pensamiento crítico

Interpreta

1. ¿De qué manera la forma en que es herido el teniente en "Un episodio de la Guerra" lo convierte en un personaje digno de compasión? **[Analiza]**

2. El teniente camina con el aire desinteresado de un hombre que mira desenvolverse la pesadilla de otro. ¿Por qué está en ese estado de aturdimiento? **[Infiere]**

3. Nombra tres modos en que "Un episodio de la Guerra" sugiere que el teniente es visto por sí mismo y por los demás como alguien separado, y de alguna manera, menos humano que los ilesos con los que se encuentra. **[Respalda]**

Aplica

4. Según los naturalistas, los humanos son débiles y poco efectivos ante las fuerzas deterministas. Justifica esta declaración usando ejemplos de "Un episodio de la Guerra." **[Justifica]**

Reading for Success

Para leer con éxito

Estrategias para leer poesía

La poesía es una de las formas literarias más ricas y misteriosas. Debido a que generalmente un poema se acerca a la realidad de manera tangencial, en vez de directamente, tú debes usar varias estrategias para revelar el significado que el poeta ha escondido entre líneas. Éstas son algunas de ellas:

Identifica al narrador del poema.

Identificar quién habla en el poema es un importante primer paso en la comprensión de un poema. El narrador puede ser el poeta o un personaje creado por el poeta. ¿Qué perspectiva tiene de la vida el narrador? ¿Cómo se refleja ésta en el poema?

Los poemas, especialmente los imaginistas, que vas a estudiar en esta unidad, usan imágenes, palabras o frases que apelan a los cinco sentidos para transmitir su mensaje. Mientras lees, visualiza las imágenes en todos sus detalles. Escucha los sonidos descritos e imagina las texturas y aromas. Si utilizas tus sentidos, disfrutarás y entenderás mejor el poema.

La estructura de un poema —la longitud de los versos, la manera en que es separado en versos y estrofas— está frecuentemente vinculada estrechamente a su significado. Evita la tentación de leer rígidamente un poema, haciendo pausas o deteniéndote al final de cada línea. Nota dónde comienzan y terminan las oraciones y cómo están agrupadas en estrofas las ideas; el comienzo de una nueva estrofa puede indicar la introducción de un nuevo pensamiento o idea.

Dilo en tus propias palabras.

Haz pausas de vez en cuando y trata de repetir pasajes en tus propias palabras. ¿Cómo podrías explicar las experiencias y sentimientos del narrador? Piensa en qué es lo que dice el poema. ¿Cómo te hace sentir? ¿Qué pensamientos te provoca?

Relaciona con el contexto histórico.

El entender la situación social, política, económica y literaria durante la que fue escrito un poema te ayudará a entenderlo. Como ayuda para entender mejor cada poema, repasa la información en la introducción de la unidad.

Escucha.

Para apreciar totalmente un poema, debes escucharlo. Trata de leer el poema en voz alta. Analiza las melodías del lenguaje literario, prestando atención a los ritmos y a la repetición de ciertos sonidos. Considera cómo ellos contribuyen al sentimiento y significado del trabajo.

Mientras leas "La canción de amor de J. Alfred Prufrock", mira las notas a los costados. Ellas demuestran cómo aplicar estas estrategias.

The Love Song of J. Alfred Prufrock
La canción de amor de J. Alfred Prufrock
T. S. Eliot

S'io credessi che mia risposta fosse

a persona che mai tornasse al mondo,

questa fiamma staria senza più scosse.

Ma per ciò che giammai di questo fondo

non tornò vivo alcun, s'i'odo il vero

senza tema d'infamia ti rispondo.[1]

Vayamos, tú y yo,

cuando la tarde se extienda contra el cielo

como un paciente anestesiado sobre una mesa;

vayamos, por ciertas calles semidesiertas,

5   los retiros murmurantes

de noches sin descanso en hoteles baratos por noche

y restaurantes con aserrín y ostras:

calles que continúan como un tedioso argumento

de intención <u>insidiosa</u>

10   para conducirte a una pregunta abrumadora...

Oh, no preguntes, "¿Qué es?".

Vayamos y hagamos nuestra visita.

En el cuarto las mujeres van y vienen

hablando de Miguel Ángel.[2]

15   La niebla amarilla que rasca su espalda en los vidrios
de la ventana,

el humo amarillo que roza su hocico en los vidrios de
la ventana

lamió con su lengua las esquinas de la tarde,

> ¿Quién es el "yo" del primer verso? ¿Es el poeta T. S. Eliot o un personaje del poema? El título del poema da una pista para **identificar al narrador del poema**, J. Alfred Prufrock.

> Podrás **relacionar la estructura del poema con su significado** si reconoces que estos versos son parte de una sola oración que describe las acciones de la niebla.

---

1. s'i'o credessi...ti rispondo: El epígrafe es un pasaje del *Infierno*, de Dante, en el cual uno de los condenados, cuando le piden que cuente su historia, responde: "Si creyera que doy mi respuesta a alguien que podría volver al mundo, esta llama (su voz) no temblaría más. Pero como nadie ha regresado vivo de estas profundidades, si lo que escucho es cierto, contestaré sin miedo de desgraciarme".
2. Miguel Ángel: Famoso escultor italiano (1475–1564).

◆**Amplía tu vocabulario**
insidioso *adj.*: secretamente traidor

se demoró sobre los charcos que permanecen en los
                                                    desagües,

dejó caer sobre su espalda el hollín que cae de
                                                    chimeneas,

20 se escurrió sobre la terraza, dio un súbito salto,

y viendo que era una noche suave de octubre,

dio una vuelta por la casa, y se quedó dormida.

Y en verdad habrá tiempo[3]

para el humo amarillo que se desliza por la calle

25 rascando su espalda en los vidrios de la ventana;

habrá tiempo, habrá tiempo

para preparar una cara para encontrar a las caras que
                                                    tú encuentras;

habrá tiempo para asesinar y crear,

y tiempo para todos los trabajos y días[4] de las manos

30 que levantan y dejan caer una pregunta en tu plato;

tiempo para ti y para mí,

y tiempo también para un centenar de indecisiones,

y para un centenar de visiones y revisiones,

antes de tomar el té con tostada.

35 En el cuarto las mujeres van y vienen

hablando de Miguel Ángel.

Y en verdad habrá tiempo

para preguntarse: "¿Me atrevo?" y "¿Me atrevo?".

Tiempo de regresar y descender las escaleras.

40 Con un principio de calvicie en medio de mi cabeza…

(Dirán: "¡Cómo se está quedando calvo!")

Mi abrigo de mañana, cuello de camisa subiendo
                                                    firmemente contra mi papada,

> **Reacciona** expresando
> lo que sientes ante la
> duda y timidez del
> narrador. ¿Te
> identificas con él?

---

3. habrá tiempo: Referencia al poema de Andrew
Marvell, "A su tímida amante".
4. trabajos y días: El poeta griego Hesiodo escribió
"Trabajos y días", un poema acerca de la agricultura.

mi corbata rica y modesta, pero acentuada por un
simple alfiler...

(Dirán: "¡Qué delgados tiene los brazos y las piernas!")

45 ¿Me animo

a perturbar al universo?

En un minuto hay tiempo

para decisiones y revisiones que un minuto revocará.

Porque los he conocido a todos ya, los conozco a
todos...

50 He conocido las noches, mañanas, tardes,

he medido mi vida con cucharaditas de café;

conozco las voces que mueren con una caída
desfalleciente

por debajo de la música de un cuarto lejano.

¿Entonces, cómo puedo atreverme?

> **Usa tus sentidos** al imaginar las "voces que mueren" que vienen "de un cuarto lejano". Esto sugiere que Prufrock se siente aislado de otra gente.

55 Y he conocido los ojos ya, los conozco a todos...

Los ojos que te fijan en una frase de fórmula,

y cuando soy formulado, exhibido en un alfiler,

cuando estoy atravesado y retorciéndome en la pared.

¿Cómo debería comenzar

60 a escupir todas las colillas de mis días y costumbres?

¿Y cómo puedo atreverme?

Y he conocido los brazos ya, los conozco a todos...

Brazos con brazaletes y blancos y desnudos.

(¡A la luz de la lámpara, con una pelusa de vello marrón
claro!)

65 ¿Es el perfume de un vestido

lo que me hace <u>divagar</u> así?

> Para ayudarte a entender los sentimientos del narrador, podrías **decir en tus propias palabras** del verso 55 al 61 de esta manera: "Sé cómo se siente que la gente me inspeccione y hable de mí, como si fuera un insecto, exhibido en una colección. Me siento expuesto, desvalido e incapaz de explicarme".

◆**Amplía tu vocabulario**
divagar *v*.: apartarse momentáneamente del tema
principal

Brazos que descansan sobre una mesa, o envuelven
un chal.

¿Y entonces debería atreverme?

¿Y cómo debería comenzar?

. . . . .

70 ¿Y si digo, he salido al atardecer por calles angostas

y mirado el humo que se eleva de las pipas

de hombres solitarios en mangas de camisa, asomados
a las ventanas?

Debería haber sido un par de recias tenazas

escapando como un cangrejo en el fondo de mares
silenciosos.[5]

. . . . .

75 Y la tarde, la noche, ¡duerme tan tranquilamente!

Calmada por largos dedos,

dormida... cansada... o <u>fingiéndose</u> enferma,

estirada sobre el piso, aquí, junto a ti y a mí.

¿Debería, después del té y galletas y helados

80 tener la fuerza de forzar el momento en una crisis?

Pero si bien he llorado y ayunado, llorado y rezado,

si bien he visto mi cabeza (ligeramente calva) sobre
una bandeja.[6]

No soy profeta —y aquí no es tan importante—;

he visto el momento de mi grandeza parpadear,

85 y he visto al eterno Lacayo,[7] sostener mi abrigo, y
sonreír furtivamente.

Y, en breve, tuve miedo.

Y hubiera valido la pena, después de todo,

---

5. **mares silenciosos:** En Hamlet, de Shakespeare, el
protagonista, Hamlet, hace burla al viejo Polonio, Lord
Chamberlain: "Tú mismo, señor, debes ser tan viejo como
yo, si como un cangrejo pudieras retroceder " (II.ii. 205–206).
6. **cabeza... bandeja:** Referencia al profeta Juan el
Bautista, cuya cabeza fue ofrecida sobre una bandeja a
Salomé, en recompensa por sus danzas (Mateo 14:1–11).
7. **Lacayo:** Muerte.

◆**Amplía tu vocabulario**
fingirse *v.*: hacerse pasar por algo que uno no es

Usa tus sentidos para
imaginar el toque
calmante de "largos
dedos". Piensa cómo
sería y qué sentiría una
noche "calmada".

luego de las tazas, la mermelada, el té,

entre la porcelana, en el medio de alguna conversación
                                                sobre tú y yo.

90 Hubiera valido la pena,

haber encarado la cuestión con una sonrisa,

haber apretado el universo en una pelota

para hacerlo rodar hacia alguna pregunta abrumadora.

Decir: "Soy Lázaro,[8] vuelto de los muertos,

95 vuelto para decirles a todos. Les voy a decir a todos".

Si uno, acomodando un almohadón cerca de tu
                                                        cabeza,

    dijera: "Eso no es lo que quise decir para nada.

    No es eso, para nada".

Y hubiera valido la pena, después de todo.

100 Hubiera valido la pena,

luego de las puestas de sol y los jardines y las calles
                                                    rociadas,

después de las novelas, después de las tazas de té,
                                            después de las faldas que

    barrían el piso…

¿Y esto, y tanto más?

¡Es imposible decir lo que quiero decir!

105 Pero, como una linterna mágica[9] hubiera proyectado
                                            en siluetas los nervios

    sobre una pantalla:

hubiera valido la pena

si uno, acomodando un almohadón o arrojando
                                                un chal,

y volviéndose hacia la ventana, dijera:

    "No es eso para nada,

---

8. **Lázaro**: Jesús resucita a Lázaro en Juan 11:1–44.
9. **linterna mágica**: Dispositivo antiguo para proyectar
imágenes sobre una pantalla.

110   no es eso lo que quise decir, para nada".

. . . . . .

¡No! No soy el príncipe Hamlet, ni fue mi destino serlo;

soy un cortesano más, uno que sirve

para aumentar la audiencia,[10] comenzar una o

dos escenas,

aconsejar al príncipe, sin duda, un instrumento fácil,

115   cortés, alegre de ser de servicio,

político, cauteloso[11] y <u>meticuloso</u>

lleno de sabias palabras, pero un poco <u>obtuso</u>

a veces, en verdad, casi ridículo.

Casi, a veces, el Tonto.

120   Envejezco… Envejezco…

Comenzaré a usar mis pantalones enrollados.

¿Me debería partir el pelo al medio? ¿Me animo a

comer un durazno?

Comenzaré a usar pantalones de franela blanca, y

caminar por la playa.

He oído a las sirenas cantando para ellas.

125   No creo que canten para mí.

Las he visto cabalgando las olas, mar afuera

peinando los blancos cabellos de las olas, estirados

hacia atrás

cuando el viento espuma de blanco y negro el agua.

Nos hemos demorado en las cavernas del mar

---

10. **aumentar la audencia**: Expresión que significa añadir
al número de gente ya presente.
11. **cauteloso** *adj.:* cuidadoso

◆**Amplía tu vocabulario**
meticuloso *adj.:* con atención al detalle
obtuso *adj.:* lerdo de entendimiento

130   con ninfas marinas adornadas con algas rojas

y marrones

hasta que voces humanas nos despiertan, y nos

ahogamos.

Escucha la musicalidad del verso 130. Fíjate como el sonido de la "s" imita el sonido rítmico de las olas.

Para responder

Verifica tu comprensión

1. ¿A qué hora del día comienza el poema?

2. ¿Cómo es el tiempo?

3. Aproximadamente, ¿en qué parte de su vida está Prufrock?

4. ¿Con qué personaje de Shakespeare se compara, desfavorablemente, Prufrock?

5. Al fin del poema, ¿a quién escucha cantar Prufrock?

Pensamiento crítico

Interpreta

1. ¿Qué sugiere la cita del *Infierno*, de Dante, sobre el poema? **[Interpreta]**

2. Prufrock, de camino a un té social, está tratando de hacerse de valor para declarar su amor a una mujer. ¿Cómo transmite su temor e incertidumbre en los versos 23–48? **[Analiza]**

3. (a) ¿Qué sentimientos sobre los invitados a los que espera encontrar en la fiesta expresa Prufrock en los versos 49–69? (b) ¿Cómo espera que lo traten los otros invitados? **[Interpreta]**

4. (a) En los versos 87–109, ¿cómo dice Prufrock que ha decidido no declarar su amor a la mujer? (b) ¿Cómo justifica su decisión? **[Analiza]**

5. (a) Contrasta la visión al final del poema con las imágenes del comienzo. (b) ¿Cómo sugiere la última línea que la realidad ha interrumpido los pensamientos de Prufrock? **[Compara y contrasta; Interpreta]**

Evalúa

6. Hacia el final del poema, Prufrock se llama "casi ridículo". Explica si su autoevaluación es cierta o no. **[Evalúa]**

Aplica

7. Cuando Eliot escribe que las sirenas, que representan belleza y felicidad, no cantarán para Prufrock, ¿qué podría estar diciendo sobre toda su generación? **[Generaliza]**

Reading for Success
Para leer con éxito

Estrategias para leer ficción

En una obra importante de ficción, cada palabra ha sido elegida cuidadosamente para expresar un significado preciso. Un argumento ha sido estructurado, los personajes delineados, las claves estipuladas y los temas hechos deliberadamente implícitos para crear un mundo único y, al mismo tiempo, creíble. Si aplicas las estrategias siguientes, podrás apreciar mejor el mundo de ficción que tan cuidadosamente ha creado un escritor.

Imagina la acción.

Un escritor capaz describe la acción clara y vívidamente para ayudarte a imaginar las escenas de un relato. Permítete dejarte llevar por las imágenes descritas por las palabras del autor.

Relaciona la literatura con tus propias experiencias.

Si empatizas o sientes lo que otro siente, podrás ponerte en el lugar de un personaje. Imagínate a ti mismo en el lugar donde sucede el relato y en las situaciones del personaje.

Pregunta.

En la vida real te preguntas sobre las acciones y motivaciones de la gente. ¿Qué está haciendo él *en realidad?* ¿Por qué ella dijo eso? Relaciónate con la obra literaria de la misma manera. Pregúntate por qué los personajes se comportan de esa manera.

Predice.

Cuando te preguntes cómo se desarrollará una serie de sucesos, haz una pausa y predice lo que sucederá. Cuando predigas, mira hacia atrás, recuerda y evalúa con cuidado lo que has experimentado hasta ahora.

Haz inferencias.

Los personajes de ficción y sus situaciones no vienen con un cartel que dice "villano" o "desastre": tienes que inferir la información que te dan las claves. Usa las actitudes y acciones de los personajes para leer "entre líneas".

Saca conclusiones.

Cuando hayas finalizado con una obra de ficción, reflexiona sobre su significado general. ¿Qué ideas generales quiere el autor que te entusiasmen?

Reacciona.

A medida que leas, responde mental y emocionalmente. Un relato puede evocar respuestas positivas, como una risa o un reconocimiento, o negativas, como una desilusión o disgusto con un personaje.

Cuando leas "La vida que salves podría ser la tuya", observa las notas a los lados de las páginas. Ellas te demuestran cómo aplicar estas estrategias en tu lectura.

The Life You Save May Be Your Own
La vida que salves podría ser la tuya
Flannery O'Connor

La vieja y su hija estaban sentadas en el portal cuando el señor Shiftlet llegó por el camino la primera vez. La vieja resbaló hacia el borde de su silla y se inclinó hacia adelante, protegiendo sus ojos con la mano del brillo penetrante del sol. La hija no podía ver muy lejos y continuó jugando con los dedos. Aunque la vieja vivía en este lugar <u>desolado</u> sólo con su hija y nunca había visto al señor Shiftlet, podía decir, aun a distancia, que era un vagabundo y nadie a quien temer. La manga izquierda de su abrigo estaba doblada hacia arriba para mostrar que había sólo medio brazo dentro y su figura <u>demacrada</u> se inclinaba levemente hacia un costado como si la brisa lo estuviera empujando. Llevaba un traje de calle negro y un sombrero marrón de felpa, doblado hacia arriba en el frente y hacia abajo en la parte de atrás, y llevaba por la manija una caja de herramientas de metal. Se acercó, a paso cómodo, por el sendero, la cara hacia el sol que parecía balancearse en él como en la cima de un cerro.

La vieja no cambió su posición hasta que el hombre ya estaba en el patio; entonces, se levantó con un puño en la cadera. La hija, una muchacha grande con un vestido corto de organza azul, lo vio de repente y saltó, comenzando a patear y pisotear y a emitir sonidos excitados.

El señor Shiftlet se detuvo justo dentro del patio, dejó la caja en el suelo y tocó su sombrero mirando a la muchacha como si nada pasara; después se volvió hacia la vieja y se quitó el sombrero con gran ademán. Tenía el cabello largo, negro y brillante, y le colgaba a ambos lados, lacio y partido al medio, hasta más allá del borde de las orejas. Su frente descendía hasta más de la mitad del largo de su cara, que terminaba de pronto con los rasgos apenas equilibrados sobre una protuberante mandíbula de acero. Parecía joven pero tenía una mirada de serena insastisfacción, como si entendiera la vida completamente.

—Buenas tardes —dijo la vieja. Tenía casi el tamaño del poste de una cerca de cedro y en su cabeza, un sombrero gris de hombre empujado hacia abajo y atrás.

> **Imagina** esta descripción. Su efecto es como el de una cámara que se detiene frente a la escena antes de comenzar la acción.

◆**Amplía tu vocabulario**
desolado *adj.*: solitario, abandonado
demacrado *adj.*: enflaquecido

El vagabundo se quedó mirándola y no contestó. Se volvió y miró hacia el sol. Movió lentamente sus brazos, el entero y el corto, indicando la apertura del cielo, y su figura formó una cruz torcida. La vieja lo observó con los brazos cruzados sobre el pecho como si fuera la dueña del sol y la hija miró, su cabeza hacia adelante y sus gruesas e inútiles manos colgando de las muñecas. Tenía el largo cabello de color rosa dorado y los ojos tan azules como el cogote de un pavo real.

Él mantuvo la pose durante casi cincuenta segundos y entonces alzó su caja y se acercó al portal dejándola sobre el último escalón.

—Señora —dijo con voz firme y nasal—. Daría una fortuna para vivir donde pudiera ver un sol hacer eso cada atardecer.

—Lo hace todas las tardes —respondió la vieja y se volvió a sentar. La hija se sentó también y lo observó con una mirada desconfiada y socarrona, como si fuera un pájaro que se hubiera acercado mucho. Él se inclinó hacia un lado, hurgando en sus bolsillos y en un segundo sacó un paquete de goma de mascar y le ofreció uno. Ella lo tomó y lo desenvolvió y comenzó a mascarlo sin quitarle los ojos de encima. Le ofreció a la vieja, pero ella sólo alzó el labio superior para indicar que no tenía dientes.

La mirada aguda y pálida del señor Shiftlet ya había pasado sobre todo lo que había en el patio, la bomba cerca de la esquina de la casa, una higuera en la que tres o cuatro gallinas se preparaban para anidar, y se había detenido bajo un tinglado donde vio el cuadrado oxidado de la parte de atrás de un auto.

—¿Las señoras manejan? —preguntó.

—Ese auto no ha andado en quince años —dijo la vieja—. El día que murió mi marido, dejó de andar.

—Nada es como antes, señora —dijo él—. El mundo está casi podrido.

—Así es —dijo la vieja—. ¿Es de por aquí?

—De nombre Tom T. Shiftlet —murmuró, mirando las ruedas.

—Encantada de conocerlo —dijo la vieja—. De nombre

Lucynell Crater y la hija, Lucynell Crater. ¿Qué hace por aquí, Señor Shiftlet?

Él juzgó que el auto era un Ford 1928 ó 1929.

—Señora —dijo, y se volvió prestándole toda la atención—, permítame decirle algo. Hay uno de esos doctores en Atlanta que tomó un cuchillo y cortó el corazón humano, el corazón humano…

Repitió inclinándose hacia adelante:

—Lo sacó del pecho de un hombre y lo sostuvo en la mano —extendió la mano con la palma hacia arriba como si sostuviera el leve peso del corazón humano—, y lo estudió como si fuera un pollo de un día, y señora…

Dijo, haciendo una larga y significativa pausa en la que su cabeza se adelantó y sus ojos del color de la cerámica se iluminaron:

—No sabe más que usted o yo.

—Es cierto —dijo la vieja.

—Pues, si iba a tomar un cuchillo para cortarle todos los rincones, y sigue sin saber más que usted o yo. ¿Quiere apostar algo?

—Nada —dijo la vieja sabiamente—. ¿De dónde viene, señor Shiftlet?

No contestó. Buscó en su bolsillo y sacó una bolsa de tabaco y un paquete de papel de cigarrillos y enrolló uno, expertamente, con una mano, y lo dejó colgando del labio superior. Luego, tomó una cajetilla de fósforos de madera del bolsillo y raspó uno en el zapato. Sostuvo el fósforo encendido como si estuviera estudiando el misterio de la llama que se acercaba peligrosamente a su piel. La hija comenzó a emitir fuertes sonidos y a señalar la mano y a mover su dedo hacia él, pero cuando la llama estaba casi tocándolo, él se inclinó, con la mano haciendo pantalla como si fuese a prender fuego a su nariz y encendió el cigarrillo.

Botó el fósforo apagado y lanzó una bocanada gris hacia la tarde. Una expresión taimada se instaló en su cara.

—Señora —dijo—, en estos tiempos la gente haría cualquier cosa, de todas maneras. Puedo decirle que mi nombre es Tom

T. Shiftlet y que vengo de Tarwater, Tennessee, pero nunca me ha visto: ¿Cómo sabe que no miento? ¿Cómo sabe que mi nombre no es Aaron Sparks, señora, y que vengo de Singleberry, Georgia, o cómo sabe que no soy George Speeds y vengo de Lucy, Alabama, o cómo sabe que no soy Thompson Bright de Toolafalls, Mississippi?

—No sé nada de usted —farfulló ella, irritada.

—Señora —dijo—, a la gente no le importa cómo miente. Quizás, lo mejor que le puedo decir es que soy un hombre; pero escuche, señora…

E hizo una pausa y con un tono todavía más <u>ominoso</u> agregó:

—¿Qué es un hombre?

La vieja comenzó a mondar una semilla.

—¿Qué lleva en esa caja, Señor Shiftlet? —preguntó.

—Herramientas —y agregó—: soy carpintero.

—Bueno, si viene aquí a trabajar, podría alimentarlo y darle un lugar para dormir pero no le puedo pagar. Le digo esto antes de que comience —le dijo.

No hubo respuesta inmediata ni una expresión especial en su cara. Se echó hacia atrás contra un tablón que soportaba el techo del portal.

—Señora —dijo lentamente—, hay algunos hombres a los que algunas cosas le significan más que el dinero.

La vieja se hamacó sin comentario y la hija observó cómo algo se movía hacia arriba y abajo en el cuello del hombre. Entonces, el habló y le dijo a la vieja que el interés de la mayoría de las personas era el dinero, pero preguntó de qué estaba hecho el hombre. Le preguntó si un hombre estaba hecho para el dinero o qué. Le preguntó para qué creía ella que estaba hecha. Pero ella no contestó, sólo se hamacaba y pensaba si un hombre con un solo brazo podría arreglar el techo de su tinglado. Él le hizo muchas preguntas que ella no contestó. Le dijo que tenía veintinueve años y que había vivido una vida muy variada. Había sido cantante evangélico, operador del ferrocarril, asistente en una funeraria y trabajó en la radio tres meses con Uncle Roy y sus Red Creek Wranglers.

> **Relaciona la literatura con tu propia experiencia** reflexionando en una ocasión cuando una persona te estaba hablando sobre algo pero tú pensabas en otra cosa.

◆**Amplía tu vocabulario**
ominoso *adj.*: siniestro, amenazante

Dijo que había peleado y sangrado en las fuerzas armadas de su país y visitado todas las tierras extranjeras y que en todas partes había visto gente a la que no le importaba si hacían las cosas de una manera u otra. Dijo que él no había sido educado así.

Pregúntate: ¿Cómo fue educado Shiftlet?

Una luna gorda y dorada apareció en las ramas de la higuera como si fuera a anidar ahí con las gallinas. El continuó, diciendo que un hombre tenía que escapar al campo para ver el mundo entero y que deseaba vivir en un lugar desolado como éste donde podía ver el sol bajar todas las tardes como Dios lo hubiera planeado.

—¿Está casado o soltero? —, preguntó la vieja.

Se hizo un largo silencio.

—Señora —preguntó finalmente—, ¿dónde va a encontrar una mujer inocente hoy en día? No tomaría ninguna de esta basura que pudiera conquistar fácilmente.

La hija estaba muy agachada, con la cabeza casi colgando entre las piernas mirándolo a través de una puerta triangular que había hecho con su cabello; y de pronto, cayó en una pila en el suelo y comenzó a lloriquear. El señor Shiftlet la enderezó y ayudó a volverla a su silla.

—¿Es su niñita? —preguntó.

—La única —dijo la vieja—, y es la niña más dulce del mundo. No la daría por nada en el mundo. También es lista. Puede barrer el piso, cocinar, lavar, dar de comer a las gallinas y usar la azada. No la cambiaría ni por un cofrecito de joyas.

—No —dijo él amablemente—, nunca permita que un hombre se la quite.

—Cualquier hombre estaría interesado —dijo la vieja—, tengo que quedarme siempre por aquí.

Los ojos en la oscuridad del señor Shiftlet enfocaban sobre la parte del guardabarros del auto que brillaba en la distancia.

—Señora —dijo, moviendo su brazo corto hacia arriba como si pudiera señalar con él su casa, patio y bomba—, no hay una sola cosa rota en esta finca que no pueda arreglarle, con un brazo improvisado o no.

Y con dignidad agregó, golpeando los nudillos en el piso

para enfatizar la inmensidad de lo que iba a decir:

—Soy un hombre. Aun si no soy uno entero. ¡Tengo una inteligencia moral!

Y su cara se iluminó en la oscuridad con un rayo de luz que salía de la puerta y se quedó mirando a la vieja como si se hubiera sorprendido a sí mismo con esta verdad imposible.

La vieja no se impresionó con la frase.

—Le dije que puede quedarse y trabajar por comida —dijo—, si no le importa dormir en ese auto allá.

—Bien, escuche señora —dijo con cierto deleite—, ¡los monjes de antaño dormían en sus ataúdes!

—No estaban tan adelantados como nosotros —dijo la vieja.

A la mañana siguiente comenzó con el techo de la casilla mientras Lucynell, la hija, sentada en una mecedora, lo miraba trabajar. No había pasado una semana antes de que los cambios que había hecho en el lugar se notaran. Había remendado los escalones del frente y de atrás, construyó un chiquero y le enseñó a Lucynell, que era completamente sorda y nunca había dicho una palabra en su vida, a decir "pájaro". La muchacha de la gran cara rosada lo seguía a todas partes, diciendo "páajaaroopáajaaroo" y dando palmadas.

La vieja miraba desde la distancia, secretamente complacida. Estaba <u>hambrienta</u> de un yerno.

El Señor Shiftlet durmió en el duro y angosto asiento de atrás del auto con sus pies saliendo por la ventanilla. Tenía su navaja y una lata de agua en un cajón que le servía de mesita de luz y colocó un pedazo de espejo contra el vidrio de atrás y mantuvo prolijamente su abrigo en una percha que colgó de una de las ventanillas.

Por las tardes, se sentaba en los escalones y hablaba mientras a cada lado, la vieja y Lucynell se hamacaban violentamente en sus sillas. Las tres montañas de la vieja se veían negras contra el azul oscuro del cielo y fueron visitadas, de tanto en tanto, por varios planetas y por la luna una vez dormidas las gallinas. El Señor Shiftlet señaló que la razón por la que la finca había mejorado era que él se había interesado personalmente en ella. Dijo que hasta iba a hacer andar el auto.

> La capacidad de Shiftlet en su nuevo trabajo te da una buena base para **predecir** que podría suceder luego.

◆**Amplía tu vocabulario**
hambriento *adj.*: extremadamente deseoso

Había alzado el capó y estudiado el mecanismo y dijo que podría decir que el auto había sido construido en una época en la que los autos se construían de verdad. En estos días, dijo, un hombre pone una tuerca y otro pone otra tuerca y otro pone otra tuerca de modo que hay un hombre para cada tuerca. Es por eso que hay que pagar tanto por un auto; se le paga a todos esos hombres. Ahora, si hubiera que pagar a un solo hombre, se podría conseguir un auto más barato y si uno se ha tomado un interés personal por él, sería un auto mejor. La vieja estuvo de acuerdo.

El Señor Shiftlet dijo que el problema con el mundo era que nadie se interesaba o se detenía y se tomaba el trabajo. Dijo que nunca hubiera podido enseñar a Lucynell a decir una palabra si no le hubiera importado, y no se hubiera detenido y tomado el tiempo suficiente.

—Enséñele a decir otra cosa —dijo la vieja.

—¿Qué quiere que diga ahora? —preguntó el Señor Shiftlet.

La sonrisa de la vieja era amplia y sin dientes y sugestiva.

—Enséñele a decir "cariño" —dijo.

El Señor Shiftlet ya sabía lo que ella tenía en mente.

Al día siguiente comenzó a trabajar en el auto y esa tarde le dijo que si ella compraba una correa de ventilador, él podría hacerlo andar.

La vieja dijo que le daría el dinero.

—¿Ve esa muchacha ahí? —preguntó señalando a Lucynell que estaba sentada en el suelo a un pie de distancia, mirándolo, sus ojos azules aún en la oscuridad—. Si alguna vez un hombre quisiera llevársela, le diría: "Ningún hombre en el mundo va a llevarse esa dulce niña mía!", pero si él dijera, "Señora, no quiero llevármela, la quiero aquí mismo", le diría "Señor, no lo culpo para nada. Yo misma no dejaría pasar la oportunidad de vivir en un lugar permanentemente y conseguir la muchacha más dulce del mundo. No es usted ningún tonto", le diría.

—¿Cuántos años tiene? —preguntó el señor Shiftlet de modo casual.

—Quince, dieciséis —dijo la vieja. La joven tenía casi trece años pero debido a su inocencia era imposible saberlo.

—Sería una buena idea pintarlo también —dijo el señor

Shiftlet—. No querrá que se oxide.

—Ya veremos eso más adelante —dijo la vieja.

Al día siguiente él fue al pueblo y volvió con las partes que necesitaba y una lata de gasolina. Más tarde salían ruidos terribles del tinglado y la vieja salió de la casa corriendo, creyendo que Lucynell sufría un ataque en alguna parte. Lucynell estaba sentada en un cajón de pollos, pateando y gritando "¡páajaaroo! ¡páajaaroo!", pero su escándalo estaba apagado por el auto. Envuelto en una estampida éste emergió del tinglado, moviéndose furiosa y majestuosamente. El señor Shiftlet estaba al volante, sentado muy erecto. Tenía una expresión de seria modestia en su cara como si acabara de resucitar a un muerto.

Esa noche, hamacándose en el portal, la vieja comenzó inmediatamente su asunto:

—¿Quiere una mujer inocente, no? —preguntó amable-mente—. No quiere nada de esa basura.

—No, no quiero —dijo el señor Shiftlet.

—Una que no puede hablar —continuó ella—, no podría insolentarse o ser boca sucia. Ése es el tipo para tener. Aquí mismo…

Y señaló a Lucynell, sentada con las piernas cruzadas en su silla, sosteniendo ambos pies con las manos.

—Es verdad —admitió él— no me daría ningún problema.

—El sábado —dijo la vieja—, usted y ella y yo podemos ir al pueblo con el auto para que se casen.

El señor Shiftlet se reacomodó en los escalones.

—No me puedo casar en este momento —dijo—. Todo lo que uno quiere necesita dinero y yo no tengo nada.

—¿Qué necesita con dinero?—preguntó ella.

—Se necesita dinero —dijo—. Algunas personas lo harían de cualquier manera en estos días, pero como yo pienso, no me casaría con una mujer a la que no puedo llevarla en un viaje como si fuera alguien, quiero decir, llevarla a un hotel y atenderla.

Y agregó con firmeza:

—No me casaría con la duquesa de Windsor, a menos que pudiera llevarla a un hotel y darle algo bueno para comer. Fui educado de esa manera y no puedo hacer nada contra eso. Mi madre me enseñó qué hacer.

—Lucynell ni siquiera sabe qué es un hotel —murmuró la vieja y adelantándose en la silla agregó—: Escuche, señor Shiftlet, tendría una casa permanente y una muy buena y la más inocente muchacha del mundo. No necesita ningún dinero. Déjeme decirle algo, no hay ningún lugar en el mundo para un hombre pobre, minusválido, sin amigos y a la deriva.

Las feas palabras quedaron en la cabeza del señor Shiftlet como un grupo de buitres en lo alto de un árbol. No contestó inmediatamente. Se enrolló un cigarrillo y lo encendió y luego dijo en una voz plana:

—Señora, un hombre se divide en dos partes, cuerpo y espíritu.

La vieja juntó las encías.

—Un cuerpo y un espíritu —repitió él—, el cuerpo, señora, es como una casa; no va a ninguna parte; pero el espíritu, señora, es como un auto: siempre en movimiento, siempre...

—Escuche, señor Shiftlet —dijo ella poniendo la carnada con cuidado—, mi pozo nunca se seca y mi casa está siempre tibia en invierno y no hay hipoteca en nada de aquí. Puede ir a los tribunales y verlo usted mismo. Y allá, bajo ese tinglado hay un buen auto, puede tenerlo pintado para el sábado. Pagaré por la pintura.

En la oscuridad, la sonrisa del señor Shiftlet se estiró como una serpiente cansada despertándose por un fuego. Después de un segundo se compuso y dijo:

—Sólo estoy diciendo que el espíritu de un hombre significa más para él que ninguna otra cosa. Tendría que poder llevar a mi mujer durante un fin de semana sin fijarme en costos. Tengo que ir hacia donde me lo manda mi espíritu.

Aquí Shiftlet comienza a cambiar su tono con la vieja. Puedes **inferir** que tiene algún plan en su cabeza.

—Le doy quince dólares para un viaje de fin de semana —dijo la vieja con voz agria—. Eso es todo lo que puedo.

—Eso no podría pagar apenas más que la gasolina y el hotel —dijo él—, no le daría de comer.

—Diecisiete con cincuenta —dijo la vieja—. Es todo lo que tengo así que no servirá de nada que trate de exprimirme.

Pueden llevarse el almuerzo.

El señor Shiftlet fue herido profundamente por la palabra "exprimir". No dudó que ella tenía más dinero cosido a su colchón pero ya le había dicho que no estaba interesado en su dinero.

—Ya me arreglaré —dijo y se levantó y se fue caminando sin hablar más.

El sábado los tres fueron al pueblo en el auto en el que apenas se había secado la pintura y el señor Shiftlet y Lucynell se casaron en la oficina del juez y la vieja hizo de testigo. Cuando salieron de los tribunales, el señor Shiftlet comenzó a doblar su cuello en la camisa. Parecía <u>arisco</u> y amargo como se hubiera sido insultado mientras alguien lo sujetaba.

—Eso no me dio ninguna satisfacción —dijo—, eso fue sólo lo que hizo una mujer en una oficina, nada más que papelerío y análisis de sangre. ¿Qué saben de mi sangre? Si fueran a sacarme el corazón y cortarlo, no sabrían nada de mí. No me dio ninguna satisfacción.

—Satisfizo a la ley —dijo la vieja, cortante.

—La ley —dijo el señor Shiftlet, y escupió—. Es la ley la que no me satisface.

Había pintado el auto de verde oscuro con una banda amarilla que pasaba justo por debajo de las ventanillas.

Los tres se subieron al asiento de adelante y la vieja dijo:

—¿No está bella Lucynell? Parece una muñeca.

Lucynell estaba vestida con un vestido blanco que su madre había rescatado de un cofre y traía un sombrero Panamá en su cabeza con un ramo de cerezas rojas de madera en el ala. Cada tanto, su expresión <u>plácida</u> cambiaba por un furtivo pensamiento pequeño y aislado como un brote verde en el desierto.

—¡Te sacaste un premio! —dijo la vieja.

El señor Shiftlet ni siquiera la miró. Volvieron a la casa para dejar a la vieja y recoger el almuerzo. Cuando estaban listos para partir, la mujer se quedó mirando a la ventanilla con los dedos apretados firmemente en el borde del vidrio. Las lágrimas empezaron a caer por los costados de sus ojos y corrieron por las hendiduras sucias en su cara.

♦**Amplía tu vocabulario**
arisco *adj.*: malhumorado, adusto
plácido *adj.*: grato, apacible, sosegado

—No me he separado de ella ni siquiera dos días —dijo.

El señor Shiftlet arrancó el motor.

—Y no hubiera dejado que se la llevara ningún hombre excepto usted porque veo que se llevarán bien. Adiós, mi querida —dijo, apretando la manga del vestido blanco. Lucynell miró hacia adelante y parecía no verla. El señor Shiftlet comenzó a mover el auto lentamente para que ella pudiera sacar sus manos.

La tarde temprana estaba clara y abierta y rodeada de un cielo azul pálido. Aunque el auto podía ir sólo a treinta millas por hora, el señor Shiftlet se imaginó una subida y bajadas profundas y viró de modo que todo se le fue completamente a la cabeza hasta que olvidó la amargura de esa mañana. Siempre había querido un auto pero nunca había podido tener uno. Manejó muy rápido porque quería llegar a Mobile por la noche.

Ocasionalmente detenía sus pensamientos lo suficientemente como para mirar a Lucynell en el asiento junto a él. Ella había almorzado en cuanto habían dejado el patio de la casa y ahora tiraba de las cerezas del sombrero, una por una, y las arrojaba por la ventanilla. Él se deprimió pese al auto. Había conducido unas cien millas cuando decidió que ella debía tener hambre otra vez y en el pueblo próximo, paró para comer frente a un lugar pintado de aluminio llamado "El hervidero" y la llevó adentro y le ordenó un plato de jamón y maíz. El viaje la había adormecido y pronto, en cuanto se subió a la banqueta, apoyó la cabeza en el mostrador y cerró los ojos. No había nadie en "El hervidero", excepto el señor Shiftlet y el muchacho detrás del mostrador, un joven pálido con un trapo engrasado sobre el hombro. Antes de que pudiera servir el plato, ella roncaba suavemente.

—Déselo cuando despierte —dijo el señor Shiftlet—, le pagaré ahora.

El joven se inclinó hacia ella y miró el largo cabello rosa dorado y los ojos entrecerrados. Luego miró al señor Shiftlet y murmuró:

—Parece un ángel de Dios.

—Una turista haciendo autostop —explicó el señor Shiftlet—. No puedo esperar, debo llegar a Tuscaloosa.

Estaba más deprimido que nunca mientras conducía solo. El

atardecer se había puesto caluroso y sofocante y el paisaje se había achatado. Allá en el cielo se preparaba una tormenta, sin truenos, como si pretendiera consumir cada gota de aire de la tierra antes de desatarse. Había momentos en los que el señor Shiftlet prefería no estar solo. También sintió que un hombre con un auto tenía una responsabilidad para con los demás y mantuvo los ojos buscando a alguien haciendo autostop. De vez en cuando leyó un cartel que decía: "Maneje con cuidado. La vida que salve podría ser la suya".

La carretera angosta fue hacia abajo en ambos lados en dirección de unos campos secos y se veía aquí y allá una choza o una estación de servicio. El sol comenzó a caer justo delante del auto. Era una pelota roja que, a través de su parabrisas se achataba arriba y abajo. El señor Shiftlet vio a un muchacho en traje de mecánico y un sombrero gris parado al borde del camino y redujo la velocidad y paró frente a él. El muchacho no tenía el pulgar levantado, sólo estaba ahí, pero tenía una valija pequeña de cartón y su sombrero estaba sobre su cabeza de un modo que indicaba que se había ido para siempre de alguna parte.

—Hijo —dijo el señor Shiftlet—, veo que quieres que te lleve.

El muchacho no dijo ni que sí ni que no pero abrió la puerta del auto y subió, y el señor Shiftlet comenzó a manejar otra vez. El joven llevaba la valija en su falda y los brazos doblados sobre ella. Volvió la cabeza para mirar por la ventanilla.

El señor Shiftlet se sintió oprimido.

—Hijo —dijo después de un minuto—. Tuve la mejor vieja por madre en el mundo así que imagino que tú sólo tuviste la segunda mejor.

El muchacho le dirigió una mirada rápida y oscura y luego volvió la cabeza hacia la ventanilla.

—No hay nada tan dulce como la madre de un muchacho —continuó el señor Shiftlet—. Ella le enseñó sus primeras oraciones en sus rodillas, le dio amor cuando nadie más lo haría, le dijo lo que estaba bien y lo que no, y se ocupó de que hiciera el bien. Hijo, nunca deploré un día en mi vida como el que deploré cuando dejé a esa vieja madre mía.

El joven se movió en su asiento pero no lo miró. Desdobló los brazos y puso una mano sobre la manija de la puerta.

—Mi madre era un ángel de Dios —dijo el señor Shiftlet con una voz muy emocionada—. Él la sacó del cielo y me la dio y yo la dejé.

Sus ojos se empañaron instantáneamente con una lluvia de lágrimas. El auto apenas se movía.

El muchacho se movió enfadado en el asiento.

—¡Puedes irte al diablo! ¡Mi vieja es una bolsa de pulgas y la tuya un gato hediondo! —y con esto, abrió la puerta de golpe y saltó a la cuneta con su valija.

El señor Shiftlet quedó tan atónito que durante unos cien pies manejó lentamente con la puerta aún abierta. Una nube, del color exacto al del sombrero del muchacho y con la forma de un nabo, había descendido sobre el sol y otra, que parecía peor, se agachaba detrás del auto. El señor Shiftlet sintió que la podredumbre del mundo estaba por tragárselo. Alzó su brazo y lo dejó caer otra vez sobre su pecho. "¡Dios mío!", oró. "Sal de repente y limpia la suciedad de este mundo!".

El nabo continuó descendiendo lentamente. Después de unos minutos se desprendió una risada de trueno por detrás y fantásticas gotas de lluvia, sonando como latas, se estrellaron en la parte trasera del auto del señor Shiftlet. Rápidamente, él apretó el acelerador y con su muñón saliendo por la ventanilla le corrió una carrera al chaparrón hasta llegar a Mobile.

Para responder

Verifica tu comprensión

1. ¿Cuál es la minusvalía del señor Shiftlet?

2. ¿Cuál es la posesión de los Crater que él quiere?

3. (a) ¿Qué argumentos usa la vieja para persuadirlo de que se case con Lucynell? (b) ¿Por qué el señor Shiftlet dice que no puede casarse con ella? (c) ¿Qué lo hace cambiar de idea?

4. ¿Cómo termina el relato?

Pensamiento crítico

Interpreta

1. Explica cómo el comentario del señor Shiftlet que "el espíritu está siempre en movimiento" anuncia el final del relato. **[Analiza]**

2. ¿Por qué es irónico que al final del relato "El señor Shiftlet sintió que la podredumbre del mundo estaba por tragárselo"? **[Analiza]**

3. Shiftlet observa que "el mundo está casi podrido". ¿Qué sugiere el relato como causa de esta condición? **[Saca conclusiones]**

4. (a) ¿Qué tiene de irónico que la plegaria de Shiftlet sea contestada al final? (b) ¿Qué sugiere el suceso sobre aquéllos cuyo comportamiento contradice sus supuestas creencias? **[Saca conclusiones]**

Evalúa

5. La señora Crater decide casar a Lucynell con Shiftlet; la muchacha no parece tener control sobre su destino. ¿Tienen justificaciones morales las acciones de la señora Crater? Explica. **[Haz un juicio]**

Prentice Hall

LITERATURE
Timeless Voices, Timeless Themes

Summaries and Guided Reading Support

Name _____   Date _____

from *Journal of the First Voyage to America* by Christopher Columbus
(text page 15)

Summary The excerpt from Columbus's journal details the ninth day after reaching land in 1492. Columbus describes the beauty and fertility of the island he is exploring. He writes about the specimens he is bringing home to his sponsors. He tells how he met and traded with the natives, exchanging bells and beads for fresh water. He writes of his intention to sail to a nearby island, which he believes to be Japan. He ends with the optimistic statement that he will proceed to the continent and meet with the emperor of China.

Resumen El sumario del diario de Colón da detalles del noveno día luego de alcanzar tierra en 1492. Colón describe la belleza y fertilidad de la isla que está explorando. Escribe sobre los especímenes que llevará de vuelta a los reyes. Habla también de cómo se encontró con los indígenas y los trueques que hizo con ellos, cambiando campanillas y cuentas por agua potable. Continúa hablando de su decisión de navegar a una isla cercana, la que él cree que es Japón. Termina en un tono optimista diciendo que continuará hasta el continente y se encontrará con el emperador de China.

Break Down Sentences Many of the sentences in the story are four or five lines long—or even longer. To help you understand these long sentences, break them down into shorter ones. For example:

Sentence: After having dispatched a meal, I went ashore, and found no habitation save a single house, and that without an occupant; we had no doubt that the people had fled in terror at our approach, as the house was completely furnished.

Sentence broken into parts: After eating, I went ashore. I found only one house, completely furnished, but no one was home. We had no doubt that the people had fled in terror at our approach.

Find at least four more sentences that are four or more lines long. Break them into parts. Compare your sentences with those of your classmates.

1. _____

_____

_____

2. _____

_____

_____

3. _____

_____

_____

4. _____

_____

_____

"The Earth on Turtle's Back" (Onondaga),
"When Grizzlies Walked Upright" (Modoc),
from *The Navajo Origin Legend* (Navajo),
from *The Iroquois Constitution* (Iroquois) (text pages 22–28)

Summary These four selections offer insights into the beliefs and attitudes of several Native American groups. "The Earth on Turtle's Back" tells of a time before the Earth existed. It explains how the Earth was brought out of the water and how life on Earth began. "When Grizzlies Walked Upright" tells how the daughter of the Chief of the Sky Spirits came to Earth and married a grizzly bear. Their children became the first Indians. The excerpt from *The Navajo Origin Legend* tells how the wind breathed life into corn to form the First Man and the First Woman. In this excerpt from *The Iroquois Constitution*, Dekanawidah speaks of the Tree of Great Peace that shelters the Iroquois nations. He explains why and how the Five Nations should form a confederacy for the common good.

Resumen Estas cuatro selecciones nos dan una idea de las creencias y actitudes de varios grupos de indígenas americanos. *The Earth on Turtle's Back*, habla de un tiempo cuando la Tierra no existía. Explica cómo la Tierra fue sacada del agua y cómo comenzó la vida. *When Grizzlies Walked Upright* cuenta como la hija del Jefe de los Espíritus del Cielo bajó a la Tierra y se casó con un oso grizzlie. Sus hijos fueron los primeros indígenas americanos. El pasaje de *Navajo Origin Legend* cuenta cómo el viento sopló vida en el maíz para formar al Primer Hombre y la Primera Mujer. En la selección tomada de *Iroquois Constitution*, Dekanawidah habla del Árbol de la Gran Paz que cobija a las naciones iroquesas. Explica por qué y cómo las Cinco Naciones deberían formar una confederación por el bien común.

Summarize Main Idea To understand what you read, you should pause from time to time to summarize the main ideas you have met so far. For example, this paragraph from "The Earth on Turtle's Back" can be summarized in one sentence.

Before this Earth existed, there was only water. It stretched as far as one could see, and in that water there were birds and animals swimming around. Far above, in the clouds, there was a Skyland. In that Skyland there was a great and beautiful tree. It had four white roots which stretched to each of the sacred directions, and from its branches all kinds of fruits and flowers grew.

Main Idea: Once there was only water and a Skyland.

Supporting Details: Water stretched as far as one could see; birds and animals were swimming around; Skyland had a great and beautiful tree; all kinds of fruits and flowers grew from its branches.

Apply this strategy to other paragraphs from "The Earth on Turtle's Back," "When Grizzlies Walked Upright," *The Navajo Origin Legend*, and *The Iroquois Constitution*. Summarize the main idea and list some supporting details.

"A Journey Through Texas" by Alvar Núñez Cabeza de Vaca (text page 34)
"Boulders Taller Than the Great Tower of Seville" by García López de Cárdenas
(text page 38)

Summary These accounts of the early explorations of America are written for different purposes: to tell about the experiences of the explorers and to generate enough interest so that further exploration would be financed by interested parties in Spain. In "A Journey Through Texas," the author describes his interactions with the Native Americans. He tells where they lived, what they ate, how they cooked, and how they reacted to the deaths of loved ones. He also tells of their generosity in helping the explorers in their journey "towards sunset." In "Boulders Taller Than the Great Tower of Seville," the author describes his experiences as the first European to explore the Grand Canyon and the difficulties he faced in trying to get down into the gorge to explore the river below.

Resumen Estas historias de las primeras exploraciones de América se escribieron por diferentes razones: para contar las experiencias de los exploradores y generar así suficiente interés y apoyo financiero en España para continuar las exploraciones. En *A Journey Through Texas*, el autor describe su relación con los americanos nativos. Nos dice cómo vivían, qué comían, cómo cocinaban y cómo reaccionaban frente a la muerte de seres queridos. También habla de su generosidad y ayuda hacia los exploradores en su "viaje hacia la puesta del sol". En *Boulders Taller Than the Great Tower of Seville*, el autor describe sus experiencias como el primer europeo en explorar el Gran Cañón, y de las dificultades que enfrentó para tratar de llegar al fondo del cañón y explorar el río que corría abajo.

Sequence of Events Use this sequence organizer to record the main events in "A Journey Through Texas." Some information has already been provided. When you are finished, make your own sequence organizer for "Boulders Taller Than the Great Tower of Seville."

The Indians sent two women to tell other Indians farther west that the explorers were coming.

↓

While waiting for the women to return,

↓

After that, Castillo and Estevanico

↓

When Castillo and Estevanico returned, they said that

↓

The explorers then

↓

After that, they

↓

Name _____ Date _____

from *The Interesting Narrative of the Life of Olaudah Equiano* by Olaudah Equiano (text page 44)

Summary This excerpt from a slave narrative tells of the experiences of a young slave during the middle passage, or the trip across the ocean. Olaudah Equiano describes the horrors of the journey, telling of the sickening smells in the hold, where people were crowded so much "that each had scarcely room to turn." He tells of the cruelty of the whites, who starved the captives and kept them in chains. When two captives managed to jump overboard, preferring death to slavery, one was saved and then flogged unmercifully for trying to escape. He also tells of seeing flying fishes along the journey, and about being shown the use of the quadrant. Upon arrival in Bridgetown, the captives were put into small groups so they could be examined more easily by potential buyers.

Resumen Este pasaje del relato de un esclavo cuenta su viaje a través del océano. Olaudah Equiano describe los horrores de la travesía, cuenta del repugnante olor en la bodega del barco, donde la gente estaba tan amontonada que "apenas tenían espacio para darse vuelta". Habla de la crueldad de los blancos, quienes apenas alimentaban a los cautivos y los mantenían en cadenas. Cuando dos de los cautivos lograron arrojarse por la borda, prefiriendo morir a ser esclavos, uno fue rescatado y azotado sin piedad por tratar de escapar. También habla de los peces voladores que vio durante el viaje, y de cuando le enseñaron a usar el cuadrante. Al llegar a Bridgetown, los cautivos fueron separados en pequeños grupos para poder ser examinados más fácilmente por potenciales compradores.

Classify Descriptive Details *The Interesting Narrative of the Life of Olaudah Equiano* is full of descriptive details. Read the following passage. Use the chart to tell what you see and hear. List sights, sounds, smells, and other details. One example has been provided in each category. Complete this passage, and then practice the strategy by doing this exercise with another passage from the story.

This produced copious perspirations, so that the air soon became unfit for respiration, from a variety of loathsome smells, and brought on a sickness among the slaves, of which many died. . . . This wretched situation was again aggravated by the galling of the chains, now become insupportable, and the filth of the necessary tubs, into which the children often fell, and were almost suffocated. The shrieks of the women, and the groans of the dying, rendered the whole a scene of horror almost inconceivable.

Sights	slaves, _____
	_____
Sounds	shrieks, _____
	_____
Smells	copious perspirations, _____
	_____
Other details	wretched situation, _____
	_____

Name _____ Date _____

from *The General History of Virginia* by John Smith (text page 66)
from *Of Plymouth Plantation* by William Bradford (text page 71)

Summary This excerpt from *The General History of Virginia* tells of the hardships of the Jamestown colony. Fifty colonists die between May and September. When Captain John Smith goes on an expedition, he and his men are attacked by Indians. Smith's life is spared because he gives the Indians his compass and because Pocahontas, Chief Powhatan's daughter, saves him. After six weeks as a captive, Smith is allowed to return to Jamestown. Pocahontas brings the settlers food, saving their lives. The first excerpt from *Of Plymouth Plantation* describes the Puritans' voyage. The second describes their first winter in the New World. The third explains how the English-speaking Indians Samoset and Squanto help the settlers make a peace treaty with the Indian leader Massasoit.

Resumen Este pasaje de *The General History of Virginia* cuenta las penurias pasadas por los colonos de Jamestown. Cincuenta de ellos murieron entre mayo y septiembre. Cuando el capitán John Smith sale de expedición, él y sus hombres son atacados por los indígenas. Smith salva su vida porque le da a los indígenas su brújula, y porque Pocahontas, la hija del jefe Powhatan, lo rescata. Luego de ser prisionero por seis semanas, Smith puede volver a Jamestown. Pocahontas lleva comida a los colonos, salvándoles la vida. El primer pasaje de *Of Plymouth Plantation* describe el viaje por mar de los puritanos. El segundo describe su primer invierno en el Nuevo Mundo. El tercero cuenta cómo los indígenas Samoset y Squanto, que hablaban inglés, ayudan a los colonos a hacer un acuerdo de paz con el jefe indígena Massasoit.

Paraphrase Some of the sentences in these selections are hard to understand because they seem to have so many ideas. One way to make them clear is to paraphrase, or restate, the main idea in the sentence. Choose three sentences from the selections to paraphrase. Use the example as a guide.

Example:

> With this lodging and diet, our extreme toil in bearing and planting palisades so strained and bruised us and our continual labor in the extremity of the heat had so weakened us, as were cause sufficient to have made us as miserable in our native country or any other place in the world.

Paraphrase: We were working so hard in the heat that we were weak and miserable.

Sentence 1 Paraphrase:

_____

_____

_____

Sentence 2 Paraphrase:

_____

_____

_____

Sentence 3 Paraphrase:

_____

_____

_____

"To My Dear and Loving Husband" by Anne Bradstreet (text page 90)
"Huswifery" by Edward Taylor (text page 92)

Summary "To My Dear and Loving Husband" expresses the poet's deep love for her husband. She prays that they may live together forever in the next life when their life on earth is over. "Huswifery" is an extended comparison between the transformation of wool into clothing and the transformation of an imperfect person into a glorious servant of God. The speaker first asks God to make him into a spinning wheel (on which raw wool is spun into yarn), and then into a loom (on which the yarn is woven into cloth). God's sacraments will clean the cloth, which is then dyed, decorated, and made into glorious robes. God, the poet says, is the spinner, weaver, cleaner, and dyer, working His will, transforming the speaker, clothing him in grace to prepare him for salvation.

Resumen *To My Dear and Loving Husband* expresa el profundo amor de la poeta por su esposo. Ella reza para que puedan pasar juntos la próxima vida, cuando terminen sus vidas terrenas. *Huswifery* es una detallada comparación entre la conversión de lana en ropas y la transformación de una persona imperfecta en un glorioso sirviente de Dios. El narrador primero pide a Dios que lo convierta en una rueca (en la que la lana se hila) y luego en un telar (donde la lana pasa a ser paño). Los sacramentos limpiarán la lana, que luego será teñida, decorada y convertida en gloriosos mantos. Dios, dice el poeta, es como el hilandero, el tejedor y los teñidores, haciendo su voluntad, transformando al poeta, arropándolo en gracia, preparándolo para su salvación.

Restate Poetic Language Sometimes poets use poetic language in place of more familiar language. The words themselves might be unfamiliar, or the order of the words might be unusual. Read these poems to identify and list examples of poetic language. Then write more familiar words or word order for the phrases you list. Create a chart like the one below. A few phrases from Anne Bradstreet's poem have been modeled for you. Choose other phrases from her poem, as well as from Edward Taylor's.

Poetic Language	More Familiar Language
If ever two were one, then surely we.	If two were ever one, we are.
If ever man were lov'd by wife, then thee:	If a man were ever loved by his wife, you are.
The riches that the East doth hold	The riches of the East
My love is such that rivers cannot quench	My love is deeper than the rivers

from _Sinners in the Hands of an Angry God_ by Jonathan Edwards (text page 98)

Summary This excerpt from Edwards's sermon describes God's rising anger against the sinners in the congregation. These sinners are like spiders that their angry God holds over the "wide and bottomless... furnace" of hell. Edwards tells his listeners that they can save their souls from eternal suffering only if they beg God's forgiveness now and experience the saving grace of conversion, which will ensure them a place among the elect.

Resumen Este pasaje del sermón de Edward describe la creciente furia de Dios hacia los pecadores en la congregación. Estos pecadores son como arañas que su furioso Dios sostiene sobre el "ancho y sin fondo... horno" del infierno. Edwards le dice a su audiencia que ellos pueden salvar sus almas del sufrimiento eterno, sólo si imploran a Dios su perdón y experimentan la gracia salvadora de la conversión, la cual les asegurará un lugar entre los elegidos.

Question Author's Purpose As you read a nonfiction work, you should ask yourself why the writer gives you the information in the way he or she does. Make a record of this excerpt from _Sinners in the Hands of an Angry God_ by asking a question for each paragraph and writing an answer to your question. A sample question and answer for the first three paragraphs have been modeled for you.

1. **Q:** How can those who are "out of Christ" (that is, sinners) avoid falling into Hell?

   A: Sinners avoid Hell only through the power and pleasure of God.

2. **Q:** What do sinners think is responsible for keeping them out of Hell?

   A: They think it is their own good health and how they take care of themselves that keeps them out of Hell.

3. **Q:** What would happen if God decided to let you go?

   A: You would immediately plunge into Hell.

_____

_____

_____

_____

_____

_____

_____

_____

_____

_____

_____

_____

from *The Autobiography* by Benjamin Franklin (text page 131)

Summary Franklin describes his plan for "arriving at moral perfection" by listing thirteen virtues. They are temperance, silence, order, resolution, frugality, industry, sincerity, justice, moderation, cleanliness, tranquillity, chastity, and humility. He proposes to work on one virtue at a time, recording his progress in a notebook. He makes seven columns on a page, one for each day of the week. He makes thirteen rows on the page, one for each virtue. Each day, he marks with "a little black spot" every fault he committed. For each week, he works on one virtue, and tries to keep that virtue's row free of black marks. He finds his plan to be helpful and instructive, though not entirely successful.

Resumen Franklin describe su plan para "llegar a la pefección moral" enumerando trece virtudes. Estas son: sobriedad, silencio, orden, resolución, frugalidad, laboriosidad, sinceridad, justicia, moderación, limpieza, tranquilidad, castidad y humildad. Franklin se propone dedicarse a una virtud por vez, y anotar el progreso alcanzado en su diario. Para esto hace siete columnas en una página, una para cada día de la semana. Luego hace trece hileras en una página, una para cada virtud. Cada día, marca "un pequeño punto negro" por cada falta cometida. Cada semana, se dedica a una virtud y trata de mantener la hilera de esa virtud libre de puntos negros. El autor encuentra que este plan es útil e instructivo, si bien no completamente exitoso.

Identify Paragraph Topics One good way to understand nonfiction is to identify the topic of each paragraph as you go along. That way, you can see how the topic of the first paragraph leads into the topic of the second, how the second leads into the third, and so on. Identify the topic of each paragraph in Franklin's selection. Then, for each topic, list the supporting details. The first paragraph has been modeled for you.

Topic for first paragraph: Franklin decides to try to achieve "moral perfection."

Supporting details:

1. Since he knows what is right and what is wrong, he thinks he can just do the one and avoid the other.
2. He finds out that it is not so easy.
3. Bad habits get the better of him when he isn't paying attention.
4. He decides that he must break bad habits and establish good ones.

_____
_____
_____
_____
_____
_____
_____
_____
_____
_____
_____
_____
_____

The Declaration of Independence by Thomas Jefferson (text page 140)
from *The Crisis, Number 1,* by Thomas Paine (text page 144)

Summary The Declaration opens by saying it is important to give reasons why America should separate from Britain. It states that all men are created equal, and they have certain "unalienable rights." Governments exist to protect those rights. When government destroys those rights, the people may start a new government. It lists the English king's abuses of those rights. It declares the colonists independent of Britain. The colonists pledge support for the Declaration with their lives, fortunes, and honor.

In his essay, Paine urges the colonists to fight against the British. He assures his readers of God's support for the American cause. Paine states that a good father will fight so his child may live in peace. Paine appeals to all Americans in all states to unite.

Resumen La Declaración comienza enumerando las razones por las cuales América debe separarse de Inglaterra. Declara que todos los hombres han sido creados iguales y que tienen ciertos "derechos inalienables". Que los gobiernos existen para proteger esos derechos y que, cuando los destruyen, el pueblo debe crear un nuevo gobierno. Enumera los abusos cometidos por el rey inglés en contra de esos derechos y declara la independencia de los colonos del gobierno inglés. Los colonos se comprometen a apoyar la Declaración con sus vidas, fortunas y honor.

En su ensayo, Paine urge a los colonos a luchar contra los ingleses y dice que Dios apoya a la causa americana. Añade que un buen padre luchará para que sus hijos vivan en paz y exhorta a todos los americanos en todos los estados a unirse.

Simplify Long Sentences Some of the sentences in these selections are long, which might make them difficult to understand. To understand them more easily, you can simplify them. Listen to the audiocassette recording of these selections as you read along. Then work with a partner to simplify any sentences that seem long to you. Use the example as a model.

Example:

When in the course of human events, it becomes necessary for one people to dissolve the political bands which have connected them with another, and to assume among the powers of the earth, the separate and equal station to which the laws of nature and of nature's God entitle them, a decent respect to the opinions of mankind requires that they should declare the causes which impel them to the separation.

Simplified Sentence:

When one group of people wants to break away from another group, they should state their reasons for wanting to do so.

_____

_____

_____

_____

_____

_____

"To His Excellency, General Washington" and "An Hymn to the Evening"
by Phillis Wheatley (text page 150)

Summary "To His Excellency, General Washington" uses the goddess Columbia as a symbol of America. Wheatley describes the bravery and goodness of America. Washington is praised as "first in peace and honors." America is seen as defended by heaven, while all other nations hope that she will win the war against Britain. Washington is asked to proceed guided by the goddess. The poet suggests that he will be rewarded with a crown, a mansion, and a golden throne. In "An Hymn to the Evening," Wheatley talks about the beauty of the sunset. She hopes that people may glow with virtue, just as the sky glows with the beautiful colors of the setting sun. She sees night as a time that soothes "each weary mind." After sleep, we can wake "more pure."

Resumen En *To His Excellency, General Washington*, Wheatley usa a la diosa Columbia como símbolo de América y describe el valor y bondad de América. Elogia a Washington como "el primero en paz y honores". Ve a América defendida por los cielos, mientras todas las otras naciones esperan que gane su lucha contra Inglaterra. Le pide a Washington que proceda guiado por la diosa. La poeta sugiere que Washington será recompensado con una corona, una mansión y un trono dorado. En *A Hymn to the Evening*, Wheatley habla de la belleza de la puesta de sol. Ella ve a la noche como un tiempo que "calma la mente cansada". Luego del sueño, podemos despertar "más puros".

Restate Poetic Language Sometimes poets use poetic language instead of more familiar language. As you read Wheatley's poems, look for examples of poetic language. Create a chart like the one below. A few phrases have been modeled for you. Apply this strategy to the rest of "To His Excellency, General Washington" and to "An Hymn to the Evening."

Poetic Language	More Familiar Language
Columbia's scenes of glorious toils	I write about glorious work in America
See mother earth her offspring's fate	See mother earth cry about her children's
bemoan thick as leaves in Autumn's golden reign	thick as leaves in the fall
high unfurl'd the ensign waves in air	the flag waves

"Speech in the Virginia Convention" by Patrick Henry (text page 169)
"Speech in the Convention" by Benjamin Franklin (text page 172)

Summary Patrick Henry begins by saying that, without disrespect, he must disagree with the previous speeches. Judging by their conduct, he says, the British are preparing for war. We have tried discussing the problem. We are being ignored; there is no retreat but into slavery. The time for going along peacefully is over. The war has already begun. "Give me liberty or give me death" is his strong closing. Benjamin Franklin opens by saying he does not "entirely approve" of the Constitution as it is written. Even so, he encourages every member of the Convention to sign it. He gives several reasons for this. He doubts that a better Constitution can be written. A united front will win respect and confidence. If the government is well administered, the Constitution will work.

Resumen Patrick Henry dice que, con todo respeto, él está en desacuerdo con los anteriores discursos. A juzgar por su conducta, los ingleses se están preparando para la guerra. Dice que han tratado de discutir el problema, pero que los han ignorado, que retirarse sería igual a la esclavitud. El momento de proceder pacíficamente ya ha pasado y que la guerra ya ha comenzado. En un poderoso final, dice: "Denme la libertad o denme la muerte". Franklin dice que no "aprueba completamente" el lenguaje de la Constitución. A pesar de eso, alienta a los miembros de la Convención a firmarla por varias razones. Duda que se pueda escribir una Constitución mejor y dice que un frente unido ganará respeto y confianza en sí mismo. Si el gobierno es administrado correctamente, la Constitución funcionará.

List Key Ideas To understand persuasive speeches, you must find the key ideas and take note of the details that the speaker uses to support them. Working with a partner, list the key ideas in these speeches. Then find and list the supporting details for each key idea. The opening of Patrick Henry's speech has been modeled for you.

Key Idea of Paragraph 1:

Even though I respect others' opinions, I must voice my own on this matter of great importance.

Supporting Details:

The men who spoke before me are patriotic and able.
I mean no disrespect, but I must disagree with them.
This matter is so important that I cannot worry about offending others.
Because it is so important, freedom of debate must be allowed.
If I hold back my opinion, I would consider myself guilty of treason.

_____

_____

_____

_____

_____

_____

_____

from *Poor Richard's Almanack* by Benjamin Franklin (text page 188)

Summary This collection of wise sayings comments on human nature. Franklin gives advice about what is important and how people should behave. These are a few examples: "Fools make feasts, and wise men eat them." "Keep thy shop, and thy shop will keep thee." "Three may keep a secret if two of them are dead." "The rotten apple spoils his companions." "An open foe may prove a curse, but a pretended friend is worse." "A small leak will sink a great ship." "No gains without pains." "'Tis easier to prevent bad habits than to break them." "A good example is the best sermon." "Hunger is the best pickle." "Genius without education is like silver in the mine." "He that lives upon hope will die fasting."

Resumen En esta colección de sabios dichos, Franklin nos aconseja sobre lo que es importante y sobre cómo debemos comportarnos. Estos son unos ejemplos: "Los tontos preparan banquetes y los sabios se los comen". "Cuida de tu negocio y tu negocio cuidará de ti". "Tres pueden guardar un secreto si dos están muertos". "La manzana podrida pudre al resto". "Un enemigo puede ser una maldición, pero un falso amigo es peor". "Una pequeña pérdida hunde al barco más grande". "No hay ganancia sin dolor". "Es más fácil prevenir malos hábitos que curarlos". "Un buen ejemplo es el mejor sermón". "El hambre es el mejor aperitivo". "El genio sin educación es como la plata de la mina". "El que vive de esperanzas, muere en ayunas".

Give Examples These sayings by Benjamin Franklin are easier to understand if you can apply them to your own life. Think about each saying. Then give an example of when and how you found each to be true. Follow the model given below.

Saying:

Hunger is the best pickle.

Example:

A pickle adds flavor to a meal. Sometimes it is necessary to add extra flavor to get someone interested in a meal. If you are really hungry, though, you don't need anything extra to get you interested in eating. This can also be applied to other things besides food. For example, once I really wanted to learn to speak Spanish. I didn't have to be pushed into studying. Another time I really wanted to improve my tennis skills. I didn't have to be forced to practice. In cases like these, "Hunger is the best pickle."

_____

_____

_____

_____

_____

_____

_____

_____

_____

_____

"Letter to Her Daughter From the New White House" by Abigail Adams
(text page 195)
from *Letters From an American Farmer* by Michel-Guillaume Jean de Crèvecoeur
(text page 197)

Summary Abigail Adams describes her journey to Washington as First Lady. Washington is barely settled, with just a few public buildings. The White House is huge, but there are no bells to ring for servants. There is very little firewood. She tells her daughter to tell others that she finds the house and city beautiful. She closes by saying that Mrs. Washington has just invited her to visit Mount Vernon. Crèvecoeur tells of the opportunities for American immigrants. In Europe, these people were starving and unemployed. The protective laws of this new land let people "take root and flourish." Europeans from all nations come together in America. Everyone can work for his own self-interest. Here, free from involuntary dependence and hunger, they can start a new life.	**Resumen** Abigail Adams describe su viaje a Washington como Primera Dama. Washington está apenas habitado, con muy pocos edificios públicos. La Casa Blanca es enorme, pero no hay campanillas para llamar a los sirvientes y hay poca leña para el hogar. Abigail pide a su hija que diga a otros que ella encuentra a la casa y a la ciudad muy hermosas. Cierra diciendo que la señora Washington la acaba de invitar a Mount Vernon. Crèvecoeur habla de las oportunidades para los inmigrantes. En Europa, estaban sin trabajo y muriéndose de hambre. Las leyes de esta nueva tierra los protegen y les permiten "echar raíces y prosperar". Europeos de todas las naciones se unen en América. Todos pueden trabajar para su propio provecho. Aquí, libres de toda dependencia y del hambre, pueden comenzar una nueva vida.

Summarize Main Idea To follow the ideas in nonfiction, you should pause often to summarize the main ideas you have read so far. In a very long paragraph, you might pause several times. For example, part of the first paragraph in Crèvecoeur's letter can be summarized in one sentence.

> In this great American asylum, the poor of Europe have by some means met together, and in consequence of various causes; to what purpose should they ask one another what country-men they are? Alas, two thirds of them had no country. Can a wretch who wanders about, who works and starves, whose life is a continual scene of sore affliction or pinching penury, can that man call England or any other kingdom his country? A country that had no bread for him, whose fields procured him no harvest, who met with nothing but the frowns of the rich, the severity of the laws, with jails and punishments; who owned not a single foot of the extensive surface of this planet? No! Urged by a variety of motives, here they came.

> **Main Idea:** The poor of Europe have come together in a new country that, unlike their old country, they can call their own.

> **Supporting Details:** In Europe, these people were starving. The country had no bread for them. The fields gave them no harvest. They were frowned on by the rich. They were punished by severe laws. They owned no land.

Apply this strategy to other paragraphs from these two letters. Summarize the main ideas and list some supporting details. Use an additional sheet of paper for your summaries and supporting details.

_____

_____

"The Announcement of *The Dial*" by Margaret Fuller and Ralph Waldo Emerson
(text page 229)

Summary Introducing a new magazine gives Margaret Fuller and Ralph Waldo Emerson a chance to explain their goals for the publication. They open by hinting that they know they have a large audience eagerly awaiting the journal. They talk about the "strong current of thought and feeling" in New England that rejects the conventions that so many have found confining. They claim that their new journal will appeal to those who are seeking new views that will reflect the "spirit of the time." *The Dial* will "report life," rather than repeat old ideas "in varied forms." Fuller and Emerson close with a hope that their new magazine will be "one cheerful rational voice" announcing a new time of life and growth.

Resumen Al lanzar una nueva revista, Margaret Fuller y Ralph Waldo Emerson tienen la oportunidad de explicar sus metas para la publicación. Comienzan diciendo que saben que hay una gran cantidad de lectores esperando la revista. Hablan sobre la "fuerte corriente de pensamiento y sentimiento" en Nueva Inglaterra que rechaza las convenciones que tantos encuentran restrictivas. Dicen que su nueva revista va a agradar a todos aquellos que están buscando nuevos puntos de vista que reflejen el "espíritu de la época". *The Dial* "informará sobre la vida", en vez de repetir viejas ideas "en formas variadas". Fuller y Emerson cierran expresando la esperanza de que su nueva revista será "una voz alegre y racional", que anuncie una nueva época de vida y crecimiento.

Rephrase Complicated Sentences Rephrasing long and complicated sentences in your own words is one way to help you understand them. Listen to the audiocassette recording of the selection and read along. Then work with a partner to rephrase any sentences that are more than five lines long. Use the example as a model.

Example from selection: Those, who have immediately acted in editing the present Number, cannot accuse themselves of any unbecoming forwardness in their undertaking, but rather of a backwardness, when they remember how often in many private circles the work was projected, how eagerly desired, and only postponed because no individual volunteered to combine and concentrate the freewill offerings of many cooperators.

Rephrased: We who have edited this magazine do not think we are acting in haste. Rather, we think we have waited too long. We remember that this magazine was talked about and wanted long before this. It has taken this long only because nobody else volunteered to put it together.

_____

_____

_____

_____

_____

_____

_____

Name _____   Date _____

"The Devil and Tom Walker" by Washington Irving (text page 236)

Summary Tom Walker meets the Devil ("Old Scratch") in a thickly wooded swamp. He is offered Captain Kidd's treasure "on certain conditions." Tom's wife encourages him to accept, but Tom refuses to do it. She leaves with the house's valuables to find the Devil and make her own bargain. After her second attempt, she does not return. Later, Tom finds her apron with a heart and liver in it. He assumes that the Devil has slain her. Almost grateful, Tom seeks out the Devil again. This time, he makes a deal: Tom will get the pirate's treasure if he becomes a moneylender. Later, Tom regrets his deal and starts going to church often. But the Devil returns and sends Tom off on horseback into a storm. Tom never returns, though his "troubled spirit" appears on stormy nights.	**Resumen** Tom Walker se encuentra con el diablo ("Old Scratch") en un pantano. El diablo le ofrece el tesoro del Capitán Kidd "bajo ciertas condiciones". La esposa de Tom le dice que acepte la oferta, pero Tom no lo hace. La esposa sale de la casa para hacer ella un trato con el diablo. Luego de su segundo intento, la mujer no regresa. Más tarde, Tom halla su delantal con un corazón e hígado. Tom supone que el diablo la ha matado. Casi agradecido, Tom busca al diablo y hace un trato con él: Tom recibirá el tesoro del pirata si se convierte en un prestamista. Luego, Tom se arrepiente del trato y comienza a ir frecuentemente a la iglesia. Pero el diablo regresa y hace que Tom salga a caballo, en una tormenta. Tom nunca regresa, pero su "angustiado espíritu" aparece en noches tormentosas.

Summarize Paragraphs To make it easier to follow the plot in a story, you should pause from time to time to summarize what has happened so far. For example, the first paragraph of the story can be summarized in one sentence.

> A few miles from Boston in Massachusetts, there is a deep inlet, winding several miles into the interior of the country from Charles Bay, and terminating in a thickly wooded swamp or morass. On one side of this inlet is a beautiful dark grove; on the opposite side the land rises abruptly from the water's edge into a high ridge, on which grow a few scattered oaks of great age and immense size. Under one of these gigantic trees, according to old stories, there was a great amount of treasure buried by Kidd the pirate. The inlet allowed a facility to bring the money in a boat secretly and at night to the very foot of the hill; the elevation of the place permitted a good look-out to be kept that no one was at hand; while the remarkable trees formed good landmarks by which the place might easily be found again. The old stories add, moreover, that the Devil presided at the hiding of the money, and took it under his guardianship; but this it is well known he always does with buried treasure, particularly when it has been ill-gotten.

> **Main Idea:** Some say that Captain Kidd buried his stolen treasure in a grove near Boston, and the Devil now looks after the money.

> **Supporting Details:** A deep inlet leads to the grove, the inlet allowed the money to be brought in by boat, the elevation allows for a good look-out, the huge trees provide a visual landmark, the Devil is known to guard stolen buried treasure.

Apply this strategy to other paragraphs from "The Devil and Tom Walker. Summarize the main idea and list some supporting details. Use an additional sheet of paper for your summaries and supporting details.

_____

_____

_____

"A Psalm of Life" and "The Tide Rises, The Tide Falls" by Henry Wadsworth Longfellow (text pages 250–252)

Summary In "A Psalm of Life," the speaker refuses to accept the idea that life is only a dream with the grave as its only goal. The soul is eternal. Heroic action in life is important because life is short. The lives of heroes who have gone before us remind us that we, too, can be examples of courage and achievement for others. In "The Tide Rises, The Tide Falls," a traveler walks quickly on the beach, hurrying toward town. Darkness falls, and the sea erases the traveler's footprints in the sand. At dawn, the horses and their handler can be heard, but the traveler will never be heard. Only the cycles of nature, as symbolized by the tide, are eternal.

Resumen En *A Psalm of Life*, el poeta se rehusa a aceptar la idea de que la vida es sólo un sueño y la tumba su única meta. El alma es inmortal y las acciones heroicas son importantes porque la vida es corta. Las vidas de los héroes que nos han precedido, nos recuerdan que nosotros también podemos ser ejemplos de coraje y logro para otros. En *The Tide Rises*, *The Tide Falls*, un viajero camina rápidamente en una playa, hacia un pueblo. Cae la noche y el mar borra las huellas que dejó el viajero en la arena. Al amanecer, se pueden escuchar caballos y voces, pero no se vuelve a escuchar al viajero. Sólo los ciclos de la naturaleza, simbolizados por la marea, son eternos.

Recognize Metaphors Poets often use metaphors, or comparisons of two unlike things. They also use similes, which also compare unlike objects but use the word *like* or *as* in each comparison. Think about the metaphors and similes in these two poems. Explain what the two things compared in each case have in common. Follow the example in the chart.

Items Compared	What They Have in Common
our hearts and muffled drums	both beat their way to the grave
a bivouac and everyday life	
people and cattle	
a person's life and footprints in the sand	
the rising tide and life	
the falling tide and death	
waves on the beach and death	

"Thanatopsis" by William Cullen Bryant (text page 259)
"Old Ironsides" by Oliver Wendell Holmes (text page 262)
"The First Snowfall" by James Russell Lowell (text page 264)
from *Snowbound* by John Greenleaf Whittier (text page 267)

Summary In "Thanatopsis," nature brings joy and comfort to those who love her. When people think of death, nature teaches that everyone and everything must die and become part of the earth again. In "Old Ironsides," Holmes remembers the battles fought under the ship's flag. He suggests that a good ending for the ship would be to let it sink during a storm. In "The First Snowfall," the speaker describes a snowfall that has covered the land. He thinks of a grave now covered with snow. He kisses his surviving child as he thinks of her dead sister. In this excerpt from *Snowbound*, everyday objects assume strange shapes under the snow. The boys shovel a path to the barn and feed the animals. On the second evening, the family sits around the fire to enjoy cider, baked apples, and nuts.

Resumen En *Thanatopsis*, la naturaleza brinda alegría y consuelo a quienes la aman. Al pensar en la muerte, la naturaleza nos enseña que todos y todo debemos morir y volver a la tierra. En *Old Ironsides* Holmes recuerda las batallas luchadas en su barco y sugiere que un buen final para el barco sería dejar que se hundiera durante una tormenta. En *The First Snowball*, el que habla describe una nevada y piensa en una tumba cubierta por la nieve. Él besa a la hija que ha sobrevivido y piensa en la hermana muerta. En este pasaje de *Snowbound*, objetos de la vida diaria toman formas extrañas bajo la nieve. Los chicos limpian un camino hasta el granero para alimentar a los animales. En la segunda tarde, la familia se reúne alrededor del fuego, y disfruta de sidra, manzanas asadas y nueces.

Explain Poetic Phrases Some of the phrases in these poems might be confusing. One way to understand unfamiliar language is to explain the references in everyday language. Work with two or three of your classmates, and discuss what the following lines from the poem mean. An example from each poem has been given. Choose four more examples, and explain the meaning of each.

Confusing Phrases Explanation

1. When thoughts of the last bitter hour come like a blight/Over thy spirit (from "Thanatopsis")
   The "last bitter hour" is death. A blight is disease of plants that causes them to die. The word "thy" means "your." Thinking about death causes your spirit to sink as if you were ill.

2. And many an eye has danced to see (from "Old Ironsides)
   The word "danced" suggests that it made the viewer happy to see the flag.

3. Every pine and fir and hemlock/Wore ermine too dear for an earl (from "The First Snowfall")
   Pine, fir, and hemlock are types of trees. Ermine is a white fur, to which the snow is being compared. "Dear" means costly. The trees looked more expensively dressed than the aristocracy.

4. A sadder light than waning moon (from *Snowbound*)
   After a full moon, the moon gradually appears to become smaller, until only a crescent is visible. We call this a waning moon. The sun is giving less light than a crescent moon.

5. _____

6. _____

7. _____

8. _____

"Crossing the Great Divide" by Meriwether Lewis (text page 276)
"The Most Sublime Spectacle on Earth" by John Wesley Powell (text page 278)

Summary Reports on the early explorations of the West, these selections say much about their writers. In "Crossing the Great Divide," Meriwether Lewis speaks about his dealings with the Indians who helped him find his way. He tells about explaining to the Indians that the only reason he wanted to explore the land was to find a "more direct way to bring merchandise to them." In "The Most Sublime Spectacle on Earth," John Wesley Powell speaks of the awesome beauty of the Grand Canyon. He describes its depth and complexity, explaining that the gorges were formed by erosion. He also describes the cloud formations and explains their role in forming the mountains. Rather than speaking about himself, Powell focuses entirely on the majesty of the Grand Canyon.

Resumen Estos relatos sobre las primeras expediciones en el Oeste, revelan mucho de sus autores. En *Crossing the Great Divide*, Meriwether Lewis habla sobre sus tratos con los indígenas que lo guiaron. Dice cómo les explicó que la única razón de su viaje fue para hallar "una manera más directa de llevarles mercaderías". En *The Most Sublime Spectacle on Earth*, John Wesley Powell habla de la impresionante belleza del Gran Cañón. Describe su profundidad y complejidad, explica que sus gargantas fueron formadas por la erosión. También describe las formaciones de nubes y explica su función en la formación de las montañas. En vez de hablar de sí mismo, Powell se concentra en la majestuosidad del Gran Cañón.

Outline Main Idea and Supporting Details To understand nonfiction, you must find the main ideas and study the details that support them. Working with a partner, list the main ideas and supporting details in each of these selections. Identify the main idea for each paragraph. Then list the details that support it. The first paragraph of "The Most Sublime Spectacle on Earth" has been modeled for you.

Main Idea: The Grand Canyon is the most sublime spectacle on Earth.
Details About the Main Idea:

1. It is composed of many canyons.
2. There are tens of thousands of gorges.
3. Each wall of the canyon is composed of many walls with no repetition in design.
4. Mt. Washington is not as tall as the Grand Canyon is deep.
5. The Blue Ridge Mountains would not fill the Grand Canyon.

_____

_____

_____

_____

_____

_____

_____

_____

_____

"The Fall of the House of Usher" and "The Raven" by Edgar Allan Poe
(text pages 297–309)

Summary The narrator in "The Fall of the House of Usher" is visiting his friend, Roderick Usher, who is ill. Within days, Roderick says his sister Madeline has died. They put her body in a vault to await burial. About a week later, the narrator awakens in terror during a storm. Roderick enters. Soon they hear strange noises. Roderick says that Madeline is alive, has broken out of her coffin, and is at the door. The door opens, Madeline falls upon her brother, and they both die. The narrator flees into the storm, looks back, and sees the house split and fall into the lake.

In "The Raven," the speaker is reading at night. A mysterious raven arrives. To all the speaker's questions, the raven says "Nevermore!" The speaker demands that the raven leave, but it stays, forever haunting him.

Resumen En *The Fall of the House of Usher* el narrador visita a su amigo, Roderick Usher, que está enfermo. En unos días, Roderick dice que su hermana Madeline ha muerto. Los amigos ponen el cuerpo en una bóveda. Una semana más tarde, el narrador se despierta aterrorizado durante una tormenta. Roderick entra y pronto escuchan ruidos extraños. Roderick dice que Madeline está viva, que ha salido de su ataúd y está en la puerta. La puerta se abre, Madeline cae sobre su hermano y ambos mueren. El narrador huye, se vuelve para mirar y ve a la casa partirse y hundirse en el lago.

En *The Raven* el narrador está leyendo de noche, cuando llega un cuervo misterioso. A todas las preguntas del narrador, el cuervo responde "¡Nevermore!" El narrador le ordena irse, pero el cuervo se queda, atormentándolo.

Sequence of Events Use this sequence organizer to record the main events in "The Fall of the House of Usher." Some information has already been provided. When you are finished, make your own sequence organizer for "The Raven."

The narrator enters the gloomy old house, and a servant takes him to see Roderick Usher.

↓

Roderick tells the narrator about the lady Madeline's illness.

↓

Roderick and the narrator carry her body to a vault deep in the building.

↓

One stormy night, _____

↓

Finally, _____

"The Minister's Black Veil" by Nathaniel Hawthorne (text page 318)

Summary One Sunday, Reverend Mr. Hooper appears with a black veil over his face. Everyone in his congregation is filled with dread. They wonder if he has lost his reason or is hiding a secret sin. Only his fiancée, Elizabeth, dares to ask him about it. Even she becomes terrified when he refuses to remove the veil. Hooper's congregation continues to fear and avoid him, although he becomes a more effective clergyman. Years later, on his deathbed, he is attended by Elizabeth. The Reverend Mr. Clark asks Parson Hooper if he wishes to remove the veil, but he refuses. Mr. Clark then asks him if he wants to confess his sins. The parson tells the spectators that he sees a black veil on every face. Everyone, he says, hides secret sins. He dies and is buried with the veil still covering his face.

Resumen Un domingo, el Reverendo Mr. Hooper aparece con un velo negro sobre su cara. Todos los feligreses se aterrorizan y se preguntan si Mr. Hooper ha perdido la razón o si oculta un pecado. Sólo su novia, Elizabeth, se atreve a preguntarle qué sucede. Ella también se aterroriza cuando Mr. Hooper se rehusa a quitarse el velo. La congregación continúa aterrorizada y lo evita, a pesar de que Mr. Hooper se ha convertido en un mejor sacerdote. Años más tarde, Mr. Hooper está muriendo, atendido por Elizabeth, y el Reverendo Mr. Clark le pregunta si quiere confesar sus pecados. Mr. Hooper dice que ve un velo negro en todas las caras. Todos, dice, ocultan pecados. Muere y es enterrado con su velo.

Analyze Characters' Behavior Read "The Minister's Black Veil" with a partner, one or two paragraphs at a time. As you read, make a character analysis chart like the one below. In the first column of the chart, write the name of the character. In the second column, write what he or she does. In the third column, write the reason for the character's behavior. The first entry has been done for you.

Character	What the Character Does	Why the Character Does It
The sexton	He pulls at the bell rope.	He is calling the people to church.

Name _____ Date _____

from *Moby-Dick* by Herman Melville (text page 332)

Summary Captain Ahab paces the deck for hours. Near sunset, he orders Starbuck, the first mate, to send everyone on deck. Ahab nails a sixteen-dollar gold piece to the mainmast, saying that the first man to see Moby-Dick will win it. He says he wants revenge on the white whale who took off his leg. On the third day of the chase, Moby-Dick is sighted, and Ahab gets into a whale boat to chase him. Starbuck begs Ahab to stop, but Ahab follows Moby-Dick and gets his harpoon into the whale. The line breaks, and Moby-Dick suddenly turns and attacks the ship. Ahab strikes the whale again, but the harpoon line catches him around the neck and pulls him down into the water. the *Pequod* sinks, taking a sky hawk with her. Ahab's whale boat sinks in the whirlpool. The whale disappears into the sea.

Resumen El capitán Ahab se pasea por la cubierta por horas. Al atardecer, ordena a Starbuck, su primer oficial, que llame a todos a cubierta. Ahab clava una moneda de oro al mástil principal, y dice que es para el primer hombre que vea a Moby-Dick. Añade que quiere vengarse de la ballena blanca que le había costado una pierna. En el tercer día, ven a Moby-Dick, y Ahab la persigue en un bote. Starbuck le ruega a Ahab que se detenga, pero Ahab sigue a Moby-Dick y la arponea. La línea se rompe y súbitamente Moby-Dick se da vuelta y ataca al barco. Ahab la arponea nuevamente pero la línea del arpón se enreda en su cuello y lo arrastra al agua. el *Pequod* se hunde, junto con un halcón. El bote de Ahab gira en el remolino y la ballena desaparece en el mar.

Identify Chain of Events As you read a story, you probably anticipate, or think about what will happen next. Part of the excitement of a good story is finding out what will happen next and learning the outcome. While reading this excerpt from *Moby-Dick*, use a Chain-of-Events organizer like the one below to keep track of what happens.

Begin with the scene on the quarter-deck, when Ahab is pacing for hours. Then draw boxes joined by arrows to mark each event in the story. The first two boxes have been modeled for you.

Event 1: Ahab spends the whole day pacing the deck or staying in his cabin.

Event 2: Ahab tells Starbuck to send the entire crew to the deck.

Event 3: _____

Event 4: _____

Event 5: _____

from *Nature*, from *Self-Reliance*, "The Snowstorm," and "Concord Hymn"
by Ralph Waldo Emerson (text pages 364–369)

Summary In *Nature*, Emerson says he feels great joy outdoors. He feels linked with the Universe, God, and every living thing. Yet nature, he finds, mirrors human emotions. In *Self-Reliance*, Emerson says that every person is unique. To be great, people must rely on themselves, not conform, and not be afraid to be misunderstood. "The Snowstorm" is about a snowstorm that covers everything and brings all activity to a halt. The speaker praises the beautiful snow forms created by the wind. "Concord Hymn" is about a monument to the farmers who once fought at a bridge. They fired the symbolic first shot of the Revolutionary War. The winners and the losers are all dead, and the bridge itself has been swept away. The poet hopes that time and nature may spare the monument.

Resumen En *Nature*, Emerson dice experimentar gran alegría cuando está en la naturaleza porque se siente vinculado con el Universo, Dios y todo lo vivo. Sin embargo, Emerson encuentra que la naturaleza, imita las emociones humanas. En *Self Reliance*, dice que cada uno es único. Para ser grandes, debemos depender sólo en nosotros mismos, no aceptar convenciones y no temer que no nos entiendan. En *The Snowstorm*, una nevada lo cubre todo y detiene toda actividad. El poeta admira las figuras que crea el viento con la nieve. *Concord Hymn*, es sobre un monumento a unos granjeros que una vez habían luchado sobre un puente. Ellos habían hecho el primer disparo de la Guerra Revolucionaria. Ya todos han muerto y el puente ya no existe. El poeta desea que el tiempo y la naturaleza no hagan lo mismo con el monumento.

Reword Author's Ideas Some of the ideas in these essays and poems might be hard to understand because the words are unfamiliar. One way to make the ideas easier to understand is to reword them, using language that is simpler. Choose one sentence from each essay or poem, and put it in your own words. Use the example as a guide.

Example: Nature is a setting that fits equally well a comic or a mourning piece.

Reworded: Whether you're in a happy mood or a sad one, you will find your feelings reflected in the natural world.

From *Nature:* _____

Reworded: _____

_____

From *Self-Reliance*: _____

Reworded: _____

_____

"The Snowstorm": _____

Reworded: _____

_____

"Concord Hymn": _____

Reworded: _____

_____

from *Walden* and from *Civil Disobedience* by Henry David Thoreau
(text pages 374–380)

Summary Thoreau almost bought one farm because it was far from its neighbors, but he decided it was too much of a commitment. Instead he builds a cabin in the woods because he wants to deal only with the essentials of life. His cabin is open and airy, allowing him to live in touch with nature. He urges his readers to simplify their lives, not fritter them away in details. So-called improvements only make our lives more complicated. In "The Conclusion," Thoreau decides to leave the woods because he is forming habits. He wants to avoid tradition and conformity. Live confidently, he says, and follow your own dream. Step to whatever music you hear. Simplicity and poverty force us to deal with the most basic and important everyday experiences.

Resumen Thoreau casi compra una granja para alejarse de sus vecinos pero decidió que era un gran compromiso. En vez, construyó una cabaña en los bosques porque quería vivir una vida simple. La cabaña era abierta y aireada, permitiéndole vivir en contacto con la naturaleza. Thoreau urge a sus lectores que simplifiquen sus vidas. Dice que los aparentes adelantos sólo hacen más complicadas a nuestras vidas. Thoreau decide dejar los bosques porque se da cuenta que está creando hábitos y quiere evitar la tradición y la conformidad. Hay que vivir con confianza en nosotros mismos, dice, y trabajar por nuestros sueños. Añade que cada uno debe seguir la música que escucha internamente y que la simplicidad y la pobreza nos fuerzan a encarar las experiencias más básicas e importantes diariamente.

Identify Key Ideas Thoreau talks about what he thinks is important in life. In a small group, take turns reading the selections aloud, one paragraph at a time. As you read Thoreau's essays, make a list of the key ideas in each essay. When you are finished, compare your lists with those of your classmates. The first entry has been started for you.

from *Walden*

1. Wherever I sat, there I might live.

2. What is a house but a seat? It's better if it's a country seat.

3. A man is rich in proportion to the number of things which he can afford to let alone.

4. A poet can enjoy the most valuable part of a farm.

5. _____

6. _____

7. _____

8. _____

9. _____

10. _____

Emily Dickinson's Poetry (text pages 396–401)

Summary In "I Heard a Fly buzz—when I died—," the poet imagines herself dying. In "Because I could not stop for Death," she is taken by Death in a carriage to her grave. In "My life closed twice before its close—," two terrible events have occurred and she waits now for a third. In "The Soul selects her own society—," she says the soul chooses one person and ignores all others. In "There's a certain Slant of light," she talks about a depressing winter light. In "There is a solitude of space—," she says the solitude of one soul is more private than the solitude of space, sea, and death. In "The Brain—is wider than the Sky—," she says that the brain can contain the sky with ease. In "Water, is taught by thirst," the poet says that various things are taught by what seem to be opposites.

Resumen En *I Heard a Fly buzz—when I died*, la poeta se imagina muriendo. En *Because I could not stop for Death*, la Muerte la lleva en un carruaje a la tumba. En *My life closed twice before its close*, han ocurrido dos terribles sucesos y ella espera por el tercero. En *The Soul Selects her own Society*, Dickinson dice que el alma elige una persona e ignora a todas las otras. En *There is a certain Slant of light*, habla sobre una depresiva luz invernal. En *There is a solitude of space*, la poeta dice que el alma es más privada que la soledad del espacio, el mar y la muerte. En *The Brain is wider than the sky*, dice que el cerebro puede contener fácilmente al cielo. En *Water, is taught by thirst*, menciona que varias cosas se enseñan por lo que pareciera ser opuestos.

Form a Mental Picture A good way to understand literature is to form a picture in your mind's eye of what the author describes. Listen to the audiocassette recording of these poems as you read along. Picture each scene as you listen. Use this page to jot down notes to describe what you see in your mind. Then work with a partner to draw sketches of what Dickinson describes in each of the following scenes.

1. the poet dying, with mourners standing around, when a fly buzzes in the room

2. death coming in a carriage for the poet, who wears a thin, light gown and fine netting around her shoulders

3. the soul selecting her own society and turning her back on an Emperor kneeling upon her mat

4. the poet reliving the event that causes her to say, "Parting is all we know of heaven. / And all we need of hell."

5. the poet learning about water because of thirst

_____

_____

_____

_____

_____

_____

_____

_____

Walt Whitman's Poetry (text pages 406–415)

Summary In the *Preface to the 1855 Edition of Leaves of Grass*, Whitman says the United States is a great poem. In "Song of Myself," he describes himself, and then considers the grass, a symbol of immortality. He then identifies himself with a farm laborer, animals, and people who work with animals. In "I Hear America Singing," he lists the various songs he hears: of mechanics, carpenters, masons, and other workers in America. In "A Noiseless Patient Spider," the poet compares a spider's work with that of a soul trying to become attached to something. In "By the Bivouac's Fitful Flame," he looks out at the sleeping army and thinks of life and death. In "When I Heard the Learn'd Astronomer," he is bored with a lecture on the stars. He goes out and looks up "in perfect silence."

Resumen En el *prefacio a la edición de 1855 de Leaves of Grass*, Whitman dice que los Estados Unidos son un gran poema. En *Song to Myself*, se describe y considera a la yerba un símbolo de inmortalidad. Más tarde, Whitman se identifica con un trabajador de campo, los animales y la gente que trabaja con los animales. En *I Hear America Singing*, enumera las muchas canciones que escucha: la de los mecánicos, carpinteros, albañiles y otros trabajadores. En *A Noiseless Patient Spider* el poeta compara el trabajo de una araña con el de un alma tratando de unirse a algo. En *By the Bivouac's Fitful Flame*, el poeta mira al ejército durmiendo y piensa sobre la vida y la muerte. En *When I Heard the Learn'd Astronomer*, se aburre en una conferencia sobre las estrellas. Sale y mira hacia arriba "en perfecto silencio".

Identify Theme To understand literature, you must find the theme and study the details that support that theme. Working with a partner, identify the theme and list the details that relate to the theme in each selection. The first selection has been modeled for you. Follow this example for the other selections.

Theme of the excerpt from Preface to the 1855 Edition of Leaves of Grass:

Accepting the lessons of the past, America knows that the old ways are passing and new ways are approaching.

Details Relating to the theme:

1. America does not repel the past.

2. America accepts the lessons of the past with calmness.

3. Americans have the fullest poetical nature.

4. The United States are essentially the greatest poem.

5. Other nations of the past appear tame and orderly compared to movement in America.

_____

_____

_____

_____

_____

"An Episode of War" by Stephen Crane (text page 443)
"Willie Has Gone to the War" words by George Cooper, music by Stephen Foster
(text page 447)

Summary In "An Episode of War," a young lieutenant is dividing his company's supply of coffee when he gets shot in the arm. It is in the middle of the Civil War, and treatment of the wounded is very poor. The lieutenant makes his way to the field hospital. Before he gets there, an officer ties his handkerchief over the wound. When the lieutenant sees a doctor, the doctor assures him that he will not amputate the arm. When the lieutenant gets home, his mother, sisters, and wife sob "for a long time at the sight of the flat sleeve." In "Willie Has Gone to the War," the song lyrics tell the feelings of the person left behind. She is waiting by the brook where they had spent their last moments together. She is now waiting, hoping for his safe return, and pining "like a bird for its mate."

Resumen En *An Episode of War*, un joven teniente está dividiendo la provisión de café de su compañía cuando lo balean en el brazo. Esto ocurre durante la Guerra Civil, cuando no había elementos para tratar bien a los heridos. El teniente llega a un hospital de campaña y se ata la herida con un pañuerlo. Al ver a un doctor, éste le asegura que no le amputará el brazo. Cuando el teniente regresa a casa, su madre, hermanas y esposa lloran "por mucho tiempo al ver la manga vacía". En *Willie Has Gone to War*, la letra de la canción habla de los sentimientos de la persona que se queda atrás. Ella está esperando cerca del arroyo, donde pasaron sus últimos momentos juntos. Ahora ella está esperando, deseando que vuelva sano y salvo, y languideciendo, "como un ave por su pareja".

Form a Mental Picture When you read, it is helpful to picture in your mind a scene that an author is describing. Listen to the audiocassette recordings of the story and of the song lyrics as you read. Picture each scene as you listen. Use this page to jot down notes to describe what you picture in your mind. Then work with a partner to draw sketches of each of the following scenes:

1. the lieutenant dividing the coffee supply

2. the lieutenant's first reaction when he is shot

3. the lieutenant trying to put his sword back in its scabbard

4. the lieutenant protesting when the doctor says he'll "tend" to him

5. the scene in which the lieutenant returns home

6. Willie's loved one, visiting the brook and thinking of Willie

_____

_____

_____

_____

_____

_____

_____

"Swing Low, Sweet Chariot" and **"Go Down, Moses"** Spirituals (text page 452)

Summary In "Swing Low, Sweet Chariot," the chorus describes a chariot coming to take the singer home to heaven. Verses 2 and 3 tell of angels coming across the Jordan River. If a listener gets to heaven first, he or she should tell everyone that the singer is coming, too. In "Go Down, Moses," the chorus sings God's command: Tell pharaoh to let my people go. Verses 2 and 4 tell the story: The Israelites were held in bondage by the Egyptians. Moses told pharaoh of God's command. Moses said that if the Israelites were not freed, God would kill the Egyptians' firstborn children.

Resumen En el espiritual *Swing Low, Sweet Chariot*, el coro describe a un carro de caballos que llega para llevar al cantante a los cielos. Los versos 2 y 3 hablan de ángeles cruzando el río Jordan. Si alguien que escucha llega a los cielos primero, debe decirle a todos que el cantante también va a ir. En *Go Down, Moses*, el coro canta un mandato de Dios: Di al faraón que deje ir a mi pueblo. Los versos 2 y 4 cuentan una historia: Los israelitas eran cautivos de los egipcios. Moses le dijo al faraón el mandato de Dios. Moses le dijo que si no dejaba libres a los israelitas, Dios mataría a los primogénitos egipcios.

Explain Poetic Phrases Some of the phrases in these poems are symbols, that is, they do not mean exactly what they say. For example, there is no "sweet chariot" coming to carry the singer away. The chariot symbolizes a means of escape from slavery. It might represent an escape by traveling over the Ohio River to freedom, or it might symbolize an escape through death. Look for other poetic phrases that can be seen as symbols. Explain them in the chart below.

Poetic Phrase	What It Means or Symbolizes

from *My Bondage and My Freedom* by Frederick Douglass (text page 458)

Summary Frederick Douglass learned to read and write in spite of great disadvantages. Mrs. Auld, his owner's wife and a kind woman, began teaching him, but her husband stopped her. He convinced her that it was not a good idea to educate slaves, and Mrs. Auld became a different person. She kept young Frederick from reading whenever she could. He continued to learn from young white boys, paying them with bread. At the age of thirteen, he bought a copy of a schoolbook, *The Columbian Orator.* He learned to hate slavery and realized that he, as well as Mrs. Auld, had changed. They were both victims of slavery, he said. It was because of slavery that they were enemies rather than friends.

Resumen Frederick Douglass aprendió a leer y escribir a pesar de grandes inconvenientes. Mrs. Auld, la esposa del dueño, una buena mujer, le comenzó a enseñar a Douglass, pero su marido la detuvo. El marido la convenció que no era una buena idea el educar a los esclavos, y la Sra. Auld se convirtió en una persona diferente. Siempre que pudo, evitó que el joven Douglass leyera. Pero Frederick continuó aprendiendo de jóvenes blancos, pagándoles con pan. A los trece años, Douglass compró un ejemplar de un libro de texto, *The Columbian Orator.* El joven Frederick aprendió a odiar a la esclavitud y se dio cuenta de que, tanto él como la Sra. Auld, habían cambiado. Ambos habían sido víctimas de la esclavitud, dijo el autor. La esclavitud fue la razón por la que eran enemigos en vez de amigos.

Reword Author's Ideas As you read, it is a good idea to pause now and then and put the author's ideas into your own words. Choose ten sentences that seem especially difficult. Reword them in a way that is easier to understand. Follow the example in the model. When you finish, compare your sentences with those of your classmates.

Model: On entering upon the career of a slaveholding mistress, Mrs. Auld was singularly deficient; nature, which fits nobody for such an office, had done less for her than any lady I had known.

Reworded: Mrs. Auld was too kind-hearted to be a good slaveowner.

_____
_____
_____
_____
_____
_____
_____
_____
_____
_____
_____
_____
_____

Name _____ Date _____

"An Occurrence at Owl Creek Bridge" by Ambrose Bierce (text page 468)

Summary A civilian southern plantation owner is about to be hanged by Union soldiers, having apparently tried to burn a railroad bridge. The prisoner imagines that he escapes and returns home. Just as he is about to embrace his wife, his dream ends with his death by hanging.

Resumen Soldados del ejército de la Unión están a punto de ahorcar a un civil, dueño de una plantación en el Sur. La razón era que, aparentemente, este hombre había tratado de quemar un puente por el que pasaban trenes. El prisionero imagina que escapa y regresa a su casa. Justo cuando está a punto de abrazar a su esposa, la muerte interrumpe el sueño, al morir él, ahorcado.

Plot a Story Map One way to understand a story better is to make a story map. Complete the one below.

"An Occurrence at Owl Creek Bridge"
Setting
Characters
What the characters want
What blocks their wants
Main events
Climax (high point)
Conclusion

Summaries and Reading Support **83**

"The Gettysburg Address" and "Second Inaugural Address"
by Abraham Lincoln (text pages 480–481)
"Letter to His Son" by Robert E. Lee (text page 482)

Summary In "The Gettysburg Address," Lincoln reminds us that our nation was founded on the principle of equality. The war tests whether the nation can last. The battlefield is already consecrated by the men who fought. Lincoln says his words will soon be forgotten but the soldiers' struggle will be remembered. In the "Second Inaugural Address," Lincoln talks of the war. He says that slavery was a cause of the war and he hopes that the war may soon end. In "Letter to His Son," Lee writes that he hopes civil war can be avoided. He is proud of his country and will sacrifice everything but honor to keep it whole. In his view, states have no right to secede, but he does not want to be part of a Union that can be maintained only with guns. If the Union is broken, he will fight only to defend his state.

Resumen En *The Gettysburg Address,* Lincoln nos recuerda que nuestra nación está basada en el principio de igualdad. La guerra es una prueba de su perdurabilidad. El campo de batalla ya ha sido consagrado por los hombres que lucharon en él. Lincoln dice que sus palabras pronto serán olvidadas, pero que la lucha de los soldados no. En *Second Inaugural Address,* Lincoln habla de la guerra y dice que una de sus razones fue la esclavitud. En *Letter to His Son,* Lee dice tener la esperanza de evitar la guerra civil. Él está orgulloso de su país y sacrificará todo, menos su honor, para mantenerlo unido. Según Lee, los estados no tienen derecho a la secesión, pero él no quiere ser parte de una Unión que sólo se puede mantener por medio de las armas. Si la Unión se rompe, él sólo luchará para defender a su estado.

Summarize Main Idea To follow the ideas in nonfiction, you should pause occasionally and summarize the main ideas you have read so far. For example, the first paragraph of "The Gettysburg Address" can be summarized in fewer words.

Original: Four score and seven years ago our fathers brought forth on this continent, a new nation, conceived in Liberty, and dedicated to the proposition that all men are created equal.

Summary: Eighty-seven years ago our nation was founded on the principles of freedom and equality.

Follow the example and apply this strategy to other sentences, passages, or paragraphs from "The Gettysburg Address," "Second Inaugural Address," and "Letter to His Son."

_____
_____
_____
_____
_____
_____
_____
_____
_____
_____

from Civil War Diaries, Journals, and Letters (text pages 496–503)

Summary Mary Chesnut writes about the attack on Fort Sumter in April, 1861. She is at home while her husband is out in the middle of the fight. She can see and hear the shells bursting in the night. Confusion is all around. At one point, she sits down on a chimney and her dress catches on fire. She finally hears that Fort Sumter has surrendered. Warren Goss writes about the excitement and nervousness he feels when he enlists in the Union army. His uniform doesn't fit. He gives advice to the drill sergeant. He quickly finds out that his job is to obey. Randolph McKim, a Confederate soldier, writes about his side's terrible and costly defeat at Gettysburg. Stonewall Jackson writes to his wife about his important role in the Battle of Bull Run. Rev. Turner, a freeborn African American living in Washington, D.C., describes his people's reaction to the news of the Emancipation Proclamation. Sojourner Truth, a preacher and former slave, writes about an encounter with racism.

Resumen Mary Chestnut relata el ataque al Fort Sumter en abril de 1861. Ella estaba en casa, mientras su marido estaba peleando. Mary podía ver y oír los proyectiles estallando en la noche. Todo es confusión. En un momento, Mary se sienta en una chimenea y su vestido se prende fuego. Finalmente, se entera que Fort Sumter se ha rendido. Warren Goss habla del entusiasmo y nerviosismo que sintió cuando se enlistó en el ejército de la Unión. El uniforme no era de su medida y él trata de darle consejos al sargento instructor. Warren se da cuenta rápidamente de que su trabajo es obedecer. Randolph McKim, un soldado confederado, relata la terrible y costosa derrota de su bando en la batalla de Gettysburg. Stonewall Jackson le escribe a su esposa sobre su importante actuación en la batalla de Bull Run. El Reverendo Turner, un afroamericano nacido libre, que vivía en Washington, D.C., describe la reacción de su gente a las noticias de la Proclamación de la Emancipación. Sojourner Truth, una predicadora y ex esclava, escribe sobre un encuentro con el racismo.

Identify Chain of Events Use this chain-of-events organizer to record the main events in this excerpt from *Mary Chesnut's Civil War.* Some information has already been provided. When you are finished, make your own chain-of-events organizers for the other selections.

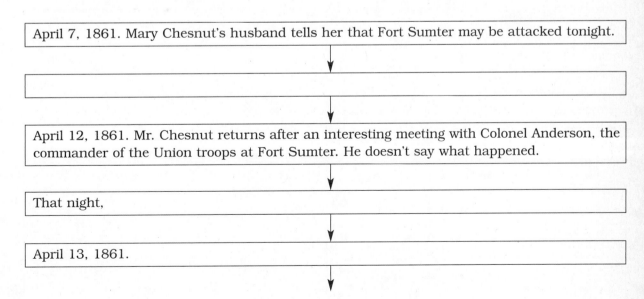

April 7, 1861. Mary Chesnut's husband tells her that Fort Sumter may be attacked tonight.

↓

April 12, 1861. Mr. Chesnut returns after an interesting meeting with Colonel Anderson, the commander of the Union troops at Fort Sumter. He doesn't say what happened.

↓

That night,

↓

April 13, 1861.

↓

"The Boys' Ambition" from *Life on the Mississippi* and "The Notorious Jumping Frog of Calaveras County" by Mark Twain (text pages 521–525)

Summary In "The Boys' Ambition," Twain tells why he and his friends always wanted to work on steamboats. When the steamboats came to the wharf, the whole town came alive. In "The Notorious Jumping Frog of Calaveras County," the narrator asks a talkative old man, Simon Wheeler, about a Leonidas W. Smiley. Wheeler tells a tall tale about a Jim Smiley. Jim loves to gamble and will bet on anything. He bets a stranger that his frog can outjump any frog in Calaveras County. The stranger accepts the bet, but he needs a frog. Jim goes to find one, and the stranger fills Jim's frog with birdshot. This makes him too heavy to jump, so the stranger wins the bet. Jim Smiley discovers the trick, but he can't catch up with the stranger. Wheeler is about to keep on talking, but the narrator leaves.

Resumen En *The Boys' Ambition,* Mark Twain dice que él y sus amigos querían trabajar en los barcos de vapor porque cuando éstos llegaban, toda la ciudad se animaba. En *The Notorious Jumping Frog of Calaveras County,* el narrador le pregunta a un parlanchín viejo, Simon Wheeler, sobre Leonidas W. Smiley. Wheeler le cuenta una historia exagerada. A Jim le gustaba apostar y un día le apostó a un desconocido que su rana podía saltar más que cualquier otra en Calaveras County. El desconocido acepta, pero no tiene una rana. Jim va a buscar una y el desconocido llena la rana de Jim con munición. Esto hace que la rana pese mucho y no salte lejos, y el desconocido gana la apuesta. Jim Smiley descubre la trampa, pero no puede alcanzar al desconocido. Wheeler quiere hablar más, pero el narrador se va.

Recognize Humor Mark Twain is known as a humorist. As you read, look for lines that make you laugh. Think about why they are funny. Then complete the chart. When you are finished, make another chart for "The Notorious Jumping Frog of Calaveras County."

Funny Line from "The Boys' Ambition"	Why It's Funny
"now and then we had a hope that if we lived and were good, God would permit us to be pirates."	Pirates are not approved of by society. They make their living by stealing.

"The Outcasts of Poker Flat" by Bret Harte (text page 534)

Summary The town of Poker Flat rids itself of four "undesirable characters:" a gambler, two women, and a thief. The group travels half a day into the foothills of the Sierras. Then they stop to rest and drink whiskey. Two innocent young lovers, Tom Simson and Piney Woods, find the outcasts and they set up camp together. The next day, snow begins to fall. Mr. Oakhurst, the gambler, discovers that "Uncle Billy," the thief, has stolen the mules. Snowed in, the others tell stories and become good friends. One of the women starves herself to death so Piney can have more to eat. Tom leaves to get help. Two days later, the "law" from Poker Flat finds the women dead in each other's arms. Under a tree they find the body of Mr. Oakhurst, who shot himself.

Resumen El pueblo de Poker Flats se libra de cuatro "indeseables": un jugador, dos mujeres y un ladrón. El grupo viaja medio día en las Sierras, luego se detienen para descansar y beber whiskey. Tom Simson y Piney Woods, dos inocentes enamorados, hallan a los indeseables y acampan con ellos. Al día siguiente, comienza a nevar. Mr. Oakhurst, el jugador, descubre que "Uncle Billy", el ladrón, se ha robado las mulas. Atrapados por la nieve, se cuentan historias y se hacen amigos. Una de las mujeres se deja morir de hambre para que Piney tenga más para comer. Tom se va a buscar ayuda. Dos días después, la "ley" de Poker Flat halla a las mujeres muertas y abrazadas. Bajo un árbol encuentran el cuerpo de Mr. Oakhurst, que se había pegado un tiro.

Make a Character Chart Read "The Outcasts of Poker Flat" with a partner, one paragraph at a time. As you read, make a character chart like the one below. In the first column of the chart, identify a character. In the second column, write the character's action. In the third column, write the reason for the character's action.

Character	Character's Action	Reason for Character's Action
John Oakhurst	He steps onto the main street of Poker Flat.	It is morning, and he is ready to start the day.

"Heading West" by Miriam Davis Colt (text page 546)
"I Will Fight No More Forever" by Chief Joseph (text page 551)

Summary In "Heading West," Miriam Davis Colt writes about her decision to move from Antwerp, New York, to Kansas with her husband. They will be part of a group that calls itself the Vegetarian Company. They will work together and cooperate to make a better life for themselves and their children by living as vegetarians. She describes the difficult parting from her mother and friends. She tells about the hardships of the month-long journey. When they arrive, they find that the settlement is not as well developed as they had hoped. In "I Will Fight No More Forever," Chief Joseph says that his heart is heavy. He is concerned for his starving, freezing people. He is tired of fighting, and he "will fight no more forever."

Resumen En *Heading West*, Miriam Davis Colt habla de su decisión de mudarse con su marido de Antwerp, New York, a Kansas. Iban con un grupo llamado Vegetarian Company, a trabajar juntos y cooperar para tener una mejor vida, ellos y sus hijos, viviendo como vegetarianos. Describe el difícil momento cuando se separa de su madre y amigos y de las penurias pasadas durante el viaje, que duró un mes. Cuando llegan, hallan que el asentamiento no estaba tan bien desarrollado, como ellos habían esperado. En *I Will Fight No More Forever*, Chief Joseph dice que su corazón está agobiado. Chief Josef está preocupado por su gente, hambrienta y con frío. Él está cansado de luchar y "will fight no more forever".

Use a Chain-of-Events Organizer As you read, ask yourself what happened before and what will happen next. Sometimes you have to infer, or make assumptions, about events that happened before. In "I Will Fight No More Forever," for example, you can infer that Chief Joseph and his people have been fighting with the Federal troops. You can also infer that he has lost many of his loved ones.

One way to keep track of events is write them in a chain-of-events organizer. Complete this one for "Heading West." Then make another one for "I Will Fight No More Forever."

Event 1: Miriam Davis Colt and her husband decide to go to Kansas.

Event 2:

Event 3:

Event 4:

"To Build a Fire" by Jack London (text page 556)

Summary A man and his dog set off on a Yukon trail at dawn. The man is a new-comer to Alaska. He is traveling alone on a very cold day; the temperature is about seventy-five degrees below zero. The dog knows that the weather is too cold for travel, but the man does not. After stopping for lunch, the man is making good time when he suddenly falls through the snow into a spring. He gets wet up to his knees. He builds a fire to dry out, but snow slides off the tree and puts it out. The man tries to start another fire but fails. He thinks of killing the dog to warm his hands in the dog's blood, but his frozen hands are useless. The man keeps trying to walk, but he finally falls and freezes to death. When the dog realizes that the man has died, he leaves to find another man who can provide food and a fire.

Resumen Un hombre y su perro inician un viaje una madrugada en el Yukon. El hombre está recién llegado a Alaska y viaja solo en un día muy frío. Hacen aproximadamente 75° bajo cero. El perro sabe que hace demasiado frío para viajar, pero el hombre no. Luego de parar para comer, reanudan el viaje cuando el hombre cae en un arroyo. Se moja hasta las rodillas y enciende una fogata para secarse. El calor hace que se derrita la nieve en un árbol. La nieve cae y apaga la fogata. El hombre trata de encender otra pero no puede. Piensa en matar al perro para calentarse las manos, pero no puede usar sus manos porque están conge-ladas. El hombre trata de caminar, pero finalmente cae y muere. Cuando el perro se da cuenta de que el hombre ha muerto, va en busca de otro hombre que le pueda dar comida y una fogata.

Identify Sensory Images Jack London uses a great deal of sensory language to describe the man's experience in the snow. This language helps the reader to see, hear, feel, taste, and smell what the author is describing. As you read, look for sensory words and phrases. Think about the sense to which they appeal. Record them in the proper columns on the chart. Remember that some words can appeal to more than one sense. When you are finished, compare your chart with those of your classmates. A few examples from the first paragraph have been given.

Sight	Sound	Touch	Taste	Smell
gray		cold		
dim				
gloom				
spruce				
peep				

"Pecos Bill Becomes a Coyote," retold by James Cloyd Bowman (text page 570)
"The Legend of Gregorio Cortez," translated by Amérigo Paredes (text page 574)
"The Streets of Laredo," Anonymous (text page 575)

Summary "Pecos Bill Becomes a Coyote" tells how Bill fell out of his family's covered wagon. He wasn't missed until lunchtime, and then he couldn't be found. He fell out near the Pecos River, so he was called Pecos Bill after that. A wise old Coyote found Bill and brought him to the pack, which then took care of him, calling him Cropear. Pecos Bill didn't find out he was human until he met a cowboy named Chuck. "The Legend of Gregorio Cortez" tells of a man who killed a sheriff. He is chased by bloodhounds and bounty hunters. In "The Streets of Laredo," the narrator meets a man who has been shot and is dying. The man gives directions for his funeral before asking for some water. When the narrator comes back with the water, the cowboy is dead.	**Resumen** *Pecos Bill Becomes a Coyote,* cuenta de cuando Bill se cayó de la carreta de su familia. La familia no se dio cuenta hasta el almuerzo, lo buscaron pero no lo pudieron encontrar. Bill cayó cerca del río Pecos, por lo que después lo llamaron Pecos Bill. Un sabio Coyote halló a Bill y, junto con su manada, lo crió, dándole el nombre de Cropear. Pecos Bill no supo que era un hombre hasta que se encontró con Chuck, un vaquero. *The Legend of Gregorio Cortez* habla de un hombre que mató a un sheriff y de cómo lo persiguen sabuesos y cazadores de recompensas. En *Streets of Laredo* el narrador encuentra un hombre al que han baleado y que está muriendo. El hombre da instrucciones para su funeral antes de pedir agua. Cuando el narrador vuelve con el agua, el hombre ha muerto.

Summarize the Narrative To follow the action in a story, you should pause occasionally and summarize the main ideas you have read so far. For example, the paragraph below from "Pecos Bill Becomes a Coyote" can be summarized in one sentence.

Example:

   Here, far away from the nearest human dwelling, Grandy made a home for Cropear, and taught him all the knowledge of the wild out-of-doors. He led Cropear to the berries that were good to eat, and dug up roots that were sweet and spicy. He showed the boy how to break open the small nuts from the piñon; and when Cropear wanted a drink, he led him to a vigorous young mother who gave him of her milk. Cropear thus drank the very life blood of a thousand generations of wild life and became a native beast of the prairie, without at all knowing that he was a man-child.

Summary:

   Grandy taught Cropear how to survive in the wild.

Apply this strategy to other paragraphs from "Pecos Bill Becomes a Coyote" and to the stanzas of "The Legend of Gregorio Cortez" and "The Streets of Laredo."

_____

_____

_____

_____

_____

_____

"The Story of an Hour" by Kate Chopin (text page 592)

Summary When Mrs. Mallard hears that her husband has been killed in a train accident, she weeps and goes to her room. Alone there, she realizes that she is free from the control of her husband. As she leaves her room, she is very happy. Just then, her husband, who had not been on the train after all, comes in the door. Mrs. Mallard dies of a heart attack.

Resumen Cuando Mrs. Mallard se entera de que su marido ha muerto en un accidente de tren, llora y se a va a su cuarto. Allí, sola, se da cuenta de que ahora está libre del control de su marido. Cuando sale de su cuarto, está muy contenta. En ese momento, su marido, quien no estaba en el tren después de todo, entra. La Sra. Mallard muere de un ataque al corazón.

Analyze Characters' Behavior To understand the characters in the stories you read, keep track of their actions in a character chart. Read "The Story of an Hour" with a partner, one or two paragraphs at a time. As you read, complete a chart like the one below. In the first column, identify a character. In the second column, list a character's action. In the third column, explain the reason for the character's action. An example has been given. When you are finished, compare your character chart with those of your classmates.

Character	Character's Action	Reason for Character's Action
Josephine	She hints that her sister's husband is dead, rather than telling her directly.	Mrs. Mallard has heart trouble, and Josephine doesn't want to shock her.

"Douglass" and **"We Wear the Mask"** by Paul Laurence Dunbar (text pages 600–601)

Summary "Douglass," a sonnet, is addressed to Frederick Douglass. It describes the present racial conflict as worse than that of the past. The speaker wishes that Douglass were still alive to guide his people. In "We Wear the Mask," the poet says that we hide our feelings of grief and pain behind smiles and jokes. We reveal our true selves only to Christ.

Resumen *Douglass* es un soneto dirigido a Frederick Douglass, y le dice que en ese momento el conflicto racial es peor que en el pasado. El poeta desearía que Douglass estuviera todavía vivo para guiar a su gente. En *We Wear the Mask* el poeta dice que ocultamos nuestros sentimientos de pena y dolor detrás de sonrisas y bromas. Añade que sólo revelamos nuestras verdaderas identidades a Cristo.

Rephrase Poetry as Prose Sometimes poetic language is difficult to understand. One way to make it clearer is to rephrase it as prose, in everyday language. Read these poems with a partner. When you come to end punctuation (a period, a question mark, or an exclamation point) or a semicolon, stop and rephrase that part in your own words. For example, the first sentence of "Douglass" is the first two lines. Your rephrasing of that sentence might be something like this:

Douglass, now is a much more evil time than the time in which you lived.

Take turns reading the poems and writing the sentences in your own words. When you finish, compare your sentences with those of your classmates.

_____

_____

_____

_____

_____

_____

_____

_____

_____

_____

_____

_____

_____

_____

_____

_____

_____

_____

"Luke Havergal" and **"Richard Cory"** by Edwin Arlington Robinson (text page 606)
"Lucinda Matlock" and **"Richard Bone"** by Edgar Lee Masters (text page 608)

Summary In "Luke Havergal," the speaker urges Luke Havergal to go to the western gate. There, he should listen for the voice of the woman he has loved. The woman has apparently died. The speaker encourages Luke also to die. In "Richard Cory," the townspeople admire and envy Richard Cory. Yet one night Cory shoots himself. In "Lucinda Matlock," the speaker says she had a full life. She was married for seventy years and had twelve children. She died at ninety-six and rests easily. She ends by scolding the next generation for complaining. She says, "It takes life to love Life." The speaker in "Richard Bone" made the headstones for the townspeople. He carved whatever he was told, without knowing if it was true. Now dead himself, he knows the epitaphs were true.

Resumen En *Luke Havergal* el poeta exhorta a Luke a ir al portal del oeste. Allí, deberá escuchar la voz de la mujer que ha amado. Aparentemente, esta mujer ha muerto. El poeta también alienta a Luke a morir. En *Richard Cory* la gente del pueblo admira y envidia a Richard Cory. Sin embargo, una noche éste se suicida. *Lucinda Matlock,* una mujer dice que ha vivido una vida plena. Estuvo casada por setenta y cinco años y tuvo doce hijos. Ella murió a los noventa y seis años y descansa en paz. Termina reprochando a la siguiente generación por sus quejas. La mujer dice: "It takes life to love Life." En *Richard Bone* el personaje talla las lápidas para la gente del pueblo. Talla cualquier cosa que le pidan, sin saber si es verdad o no. Ahora que él mismo está muerto, sabe que los epitafios eran ciertos.

Gather Evidence About Characters Each character in these poems has special qualities. As you read, look for evidence of those qualities. Keep track of the evidence in lists. Identify the line in the poem in which you found the proof of each quality. A list is started below for "Lucinda Matlock." Complete this list, and then make other lists for the other characters.

"Lucinda Matlock"	
Quality	**Proof**
liked to dance	"I went to the dances at Chandlerville"
liked to play	"and played snap-out at Winchester"
was a loyal, loving wife	"We were married and lived together for seventy years"

"A Wagner Matinée" by Willa Cather (text page 614)

Summary The narrator's aunt has inherited a small legacy. She comes to Boston to settle the estate and to visit her nephew. Many years before, she had been a music teacher at the Boston Conservatory. She had given up her profession when she married and moved to the Nebraska prairies. The narrator remembers all his aunt taught him when he spent time with her. The day after his aunt's arrival, the narrator takes her to a matinée performance of music by Wagner. She cries with joy at the music and with grief at the beauty she has missed.

Resumen En *Wagner Matinée*, la tía del narrador ha heredado una pequeña fortuna. La mujer llega a Boston a recibir el dinero y visitar a su sobrino. Muchos años antes, ella había enseñado música en el Conservatorio de Boston, pero había dejado su profesión al casarse y mudarse a las praderas de Nebraska. El narrador recuerda todo lo que su tía le había enseñado en su tiempo juntos. El día después de la llegada de su tía, el narrador la lleva a un concierto de música de Wagner. La tía llora de alegría al escuchar la música, y de pena por toda la belleza que había perdido.

Outline Main Idea and Supporting Details To understand what you read, you must find the main ideas and notice the details that support them. Working with a partner, list the main ideas and supporting details of each paragraph in "A Wagner Matinée." The first paragraph has been modeled for you.

Main Idea: The narrator receives a letter saying that his aunt is arriving in Boston the next day and he is to pick her up at the station.

Details About the Main Idea:

1. The letter is written in pale ink, on glassy blue-lined notepaper.
2. The letter comes from a little Nebraska village, where the narrator's aunt and uncle live.
3. The letter is from the narrator's Uncle Howard.
4. The narrator's aunt is coming to settle the estate of a bachelor relative of hers.
5. The narrator is to meet her at the station on the following day.
6. The narrator's uncle has waited until the last minute to write the letter. If the narrator had been away from home for a day, he would have missed his aunt.

_____

_____

_____

_____

_____

_____

_____

_____

_____

_____

"The Love Song of J. Alfred Prufrock" by T. S. Eliot (text page 647)

Summary The opening quotation, from Dante's *Inferno*, suggests that what follows will be like a guided visit to Hell, finding no meaning to life. Prufrock invites a companion to enter a modern city in the evening. The atmosphere he describes is smoky and degenerate. It is a place in which talking of spiritual and artistic values no longer seems to make any sense. Then Prufrock asks a series of questions about himself, his past and present life: Could he and should he have done more with his life? Can he even express love for a woman when they are alone together? Is he capable of any grand human action? Does the answer matter? Prufrock answers in the negative. He sees himself and others as drowning in a sea of troubles.

Resumen Esta selección comienza con una cita del *Inferno*, de Dante, que sugiere que lo que sigue será como una visita guiada al Infierno. Prufrock, que no encuentra sentido a la vida, invita a un acompañante a ir a una ciudad moderna. La atmósfera que describe es una llena de humo y degeneración. Es un lugar donde hablar de valores espirituales y artísticos ya no parece tener ningún sentido. Luego, Prufrock, se hace una serie de preguntas sobre sí mismo, su pasado y su vida actual: ¿Podría y debería haber hecho más con su vida? ¿Puede expresar amor por una mujer cuando están solos? ¿Es capaz de una acción humana importante? ¿Importa realmente la respuesta? Prufrock contesta no a todo esto. Él se ve a sí mismo y a otros ahogándose en un mar de problemas.

Paraphrase Sometimes the best way to understand the ideas in a poem is to break it up by sentences or main ideas. Then you can paraphrase, or restate, that part in your own words. In a small group, take turns reading aloud "The Love Song of J. Alfred Prufrock." When you get to the end of a sentence or main idea—that is, to a period, a question mark, a semicolon, or ellipses—stop and paraphrase that section. For example, the first main idea of this poem is the first three lines, to the semicolon. Your paraphrase of that section might be something like this:

Let's go out this still evening.

Follow this example by writing sentences of your own for each of the main ideas in the poem. When you finish, compare your sentences with those of your classmates.

_____

_____

_____

_____

_____

_____

_____

_____

_____

_____

_____

_____

Name _____ Date _____

Imagist Poets (text pages 657–665)

Summary In "A Few Don'ts by an Imagiste," Pound discusses rules for writing poetry. In "The River Merchant's Wife: A Letter," a young Chinese woman writes to her absent husband, longing for his return. In "In a Station of the Metro," the speaker compares faces in a crowded subway station to flower petals on a black bough. In "The Red Wheelbarrow," Williams creates an image of a rain-slicked wheelbarrow and a chicken. In "The Great Figure," the speaker describes a moving fire truck. "This Is Just to Say" is in the style of a personal, informal note. The speaker apologizes for eating plums from the refrigerator. In "Pear Tree," H. D. talks about seeing the tree in blossom. In "Heat," she addresses the wind, asking it to attack and break up the heat, so the fruit can drop.

Resumen En *A Few Dont's by an Imagiste,* Pound habla sobre reglas para escribir poesía. En *The River Merchant's Wife: a Letter,* una joven mujer china le escribe a su marido ausente, ansiosa porque regrese. En *In a Station of the Metro,* el que habla compara las caras en una estación de metro llena, a pétalos de flores en una rama de árbol negra. En *The Red Wheelbarrow,* Williams crea una imagen de una carretilla lustrosa por la lluvia y un pollo. En *The Great Figure,* el narrador describe un camión de bomberos en movimiento. *This Is Just to Say* está escrito en un estilo personal e informal. El narrador se disculpa por comer ciruelas de la nevera. En *Pear Tree,* H. D. habla de cuando vio un peral en flor. En *Heat,* la poeta le pide al viento que sople y quiebre una ola de calor, para que la fruta pueda caer.

Identify Sensory Images Poets often use sensory language to create images in the reader's mind. This language helps readers to see, hear, feel, taste, and smell what the poet describes.

Some of the sensory words in "The Great Figure" have been identified and classified below. Look for other sensory words in this poem, and write them in the proper column or columns. (Remember that some words can appeal to more than one sense.) Then choose another poem and practice this strategy.

Among the *rain*
and lights
I saw the *figure 5*
in *gold* =
on a red
fire truck
moving

tense
unheeded
to gong clangs
siren howls
and wheels rumbling
through the dark city.

Sight	Sound	Touch	Taste	Smell
rain lights figure 5 gold	rain	rain		rain

© Prentice-Hall, Inc.

"Winter Dreams" by F. Scott Fitzgerald (text page 670)

Summary Dexter Green, son of a grocer in a small Minnesota town, is in love with Judy Jones, daughter of a very wealthy local family. Dexter and Judy meet at a country club when he is fourteen and she is eleven. He is attracted to her and quits his caddying job to avoid the humiliation of carrying her clubs. After college they meet again. She invites him home and begins a serious romance for one summer. Judy, however, starts seeing other men, and Dexter decides to marry the more sensible Irene Scheerer. On the eve of the engagement, Judy returns. She renews the relationship, causes Dexter to lose Irene, and leaves again. Years later, Dexter's idealized image of Judy is shattered when he learns that Judy is now trapped in an unhappy marriage and has lost her beauty.

Resumen Dexter Green, el hijo de tendero en un pueblo de Minnesota, está enamorado de Judy Jones, la hija de una familia muy rica. Dexter y Judy se encuentran cuando él tiene catorce años y ella once. Dexter se enamora de Judy y deja su trabajo de caddy para evitar la humillación de llevarle los palos de golf. Luego de la universidad, los dos se encuentran nuevamente. Ella lo invita a la casa e inician un romance. Judy, sin embargo, comienza a salir con otros hombres y Dexter decide casarse con la más razonable Irene Scheerer. El día antes del compromiso, Judy regresa y reanuda su relación con Dexter. Esto hace que Dexter pierda a Irene y Dexter se va. Años más tarde, la imagen idealizada que tiene Dexter de Judy se rompe cuando se entera que está atrapada en un matrimonio infeliz y ya no es bella.

Respond to Characters' Actions In "Winter Dreams," the characters behave in ways that may not be for their own good. As you read, you might say to yourself, "I would never do that," or "I understand why the character did that," or "I would have advised the character to act differently." To record your responses to the actions of the characters, complete the chart below. Share your chart with your classmates. An example has been modeled for you.

Character	What Character Does	My Response
Dexter	quits job as a caddy	not a good idea, since he didn't have another job

"The Turtle" from *The Grapes of Wrath* by John Steinbeck (text page 688)

Summary Near a concrete highway is a mass of tangled, dry grass full of seeds of every kind. The seeds are waiting for a means to travel—it might be a woman's skirt or a passing animal. Over the grass a land turtle crawls toward the highway. A head of wild oats attaches itself to the front legs of the turtle. With great effort, the turtle gets onto the pavement. A sedan driven by a forty-year-old woman swerves to avoid the turtle. A light truck driven by a man swerves to hit it. The front wheel hits the turtle's shell. The turtle spins and rolls off the highway. After a long time, the turtle pulls itself over. The head of wild oats falls off and the seeds spill out. As the turtle pulls itself along, its shell drags dirt over the seeds.

Resumen Cerca de una carretera hay un montón de pastos secos, entrelazados y llenos de semillas de toda clase. Las semillas están esperando por un medio de transporte —una falda de mujer o un animal que pasa. Una tortuga se dirige a paso lento hacia la carretera. Unas semillas de avena silvestre se pegan a las patas delanteras de la tortuga. Con gran esfuerzo, la tortuga llega al pavimento. Un sedán, conducido por una mujer de cuarenta y cinco años, se desvía para evitar a la tortuga. Un camión, conducido por un hombre, hace lo mismo, pero su rueda delantera golpea el caparazón de la tortuga. Ésta rueda fuera de la carretera. Luego de un largo rato, la tortuga se endereza y las semillas de avena caen a la tierra. Cuando la tortuga comienza a caminar, su caparazón cubre las semillas con tierra.

Outline Main Idea and Supporting Details To understand what you read, you must find the main ideas and then take note of the supporting details. Working with a partner, find the main idea for each paragraph of "The Turtle." Then list the details that support it. The first paragraph has been modeled for you.

Main Idea: Seeds of all kinds in the dry grass by the highway were waiting for some way to be spread and dispersed.

Details About the Main Idea:

1. Oat beards were waiting to catch on a dog's coat.
2. Foxtails were waiting to tangle in a horse's hair.
3. Clover burrs were waiting to fasten in sheep's wool.
4. Some seeds were waiting to be carried by the wind.
5. Other seeds were waiting to be caught on the hem of a woman's skirt.

_____

_____

_____

_____

_____

_____

_____

_____

_____

"anyone lived in a pretty how town" and **"old age sticks"**
by E. E. Cummings (text page 694)
"The Unknown Citizen" by W. H. Auden (text page 696)

Summary In "anyone lived in a pretty how town," Cummings focuses on the eternal rhythms of life and the seasons of nature. The anonymity of "anyone" and "a pretty how town" shows these experiences to be universal. In "old age sticks," the poet says that the warnings of the elderly about the dangers of age are ignored by the carefree young. He suggests that although the young tear down warning "signs," one day they will be posting such "signs" themselves. "The Unknown Citizen" honors JS/07/M/378, a model citizen of his society. The speaker calls this man a saint, for he served the Greater Community by meeting ordinary expectations. The speaker shows how the man always conformed. When asked whether the man lived freely or happily, the speaker responds with disinterest.

Resumen En *anyone lived in a pretty how town*, Cummings trata de los eternos ritmos de la vida y de las estaciones. El anonimato de "anyone" y "a pretty how town", muestra que estas experiencias son universales. En *old age sticks* el poeta dice que las advertencias de los ancianos sobre la vejez son ignoradas por los jóvenes. Añade que, si bien los jóvenes rompen los "carteles" de advertencia, un día los jóvenes estarán haciendo las mismas advertencias. *The Unknown Citizen*, honra a JS/07/M/378, un ciudadano modelo. El narrador llama santo a este hombre, por haber servido a la Gran Comunidad al haber satisfecho expectaciones comunes. El narrador muestra cómo este hombre siempre se ajustó a reglas. Cuando le preguntan si el hombre fue libre o feliz, el narrador responde sin interés.

Interpret Poetic Images Poets present images that represent ideas and feelings. In order to understand what these images represent, you must first form a mental picture of the images, and then decide how that image makes you feel. Here are some images, or word pictures, from the poems. Describe the picture that forms in your mind as you read each image, and then tell how it makes you feel. The first one has been modeled for you.

"anyone lived in a pretty how town"

1. he sang his didn't he danced his did

    He sang and danced no matter what. The feeling in this image is one of happiness, of being carefree and young.

2. sun moon stars rain _____

3. she laughed his joy she cried his grief_____

"old age sticks"

1. old age sticks/up Keep/Off signs _____

2. youth yanks them/down _____

3. youth laughs _____

"The Unknown Citizen"

1. He worked in a factory and never got fired_____

2. The press are convinced that he bought a paper every day_____

3. A phonograph, a radio, a car and a frigidaire _____

Name _____ Date _____

"The Far and the Near" by Thomas Wolfe (text page 702)

Summary Daily for twenty years, the engi-
neer of a train blows the whistle when he
approaches a certain pleasant little cottage
near the tracks. A woman and her daughter, both otherwise strangers to him, come
out and wave to him as he passes. He has
increasingly more tender feelings about
them and the little house, which become
symbols of happiness for him. At last,
when he retires, he goes to visit the spot,
to be near what he has seen only from afar
for so long. But the town is strange to him
when seen at close range, the house is
unattractive, and the women are hostile.
He leaves, feeling disillusioned, sad, and
old.

Resumen A diario, por veinte años, un
conductor de tren hace pitar a su locomotora cada vez que se acerca a una pequeña
y hermosa casa cerca de las vías. Una
mujer y su hija, a quienes el conductor no
conoce, salen de la casa y lo saludan
cuando pasa. El conductor tiene sentimientos cada vez más tiernos hacia ellas
y la pequeña casa, las que se convierten
para él en símbolos de felicidad. Al fin,
cuando el conductor se jubila, va a visitar
ese lugar, para estar cerca de lo que sólo
había visto a la distancia por tanto tiempo.
Pero el pueblo le es extraño cuando lo ve
de cerca, la casa es fea y las mujeres hos-
tiles. El conductor se retira, desilusionado,
triste y viejo.

Identify Key Ideas To understand better what you read, it is a good idea to identify the key
ideas as you go along. In a small group, take turns reading the paragraphs of this story aloud.
After reading each paragraph, stop and think about the key idea in it. Make a list of those key
ideas. When you are finished, compare your list with those of other groups. An entry for the
first paragraph of "The Far and the Near" has been done for you. Follow this example for the
rest of the story.

Paragraph 1: A tidy little cottage sat on a small hill within sight of the railroad tracks.

© Prentice-Hall, Inc.

Name _____ Date _____

"Of Modern Poetry" and **"Anecdote of the Jar"** by Wallace Stevens (text page 710)
"Ars Poetica" by Archibald MacLeish (text page 712)
"Poetry" by Marianne Moore (text page 714)

Summary In "Of Modern Poetry," Stevens says that a poem "has to be living" and use the language of its own time. In "Anecdote of the Jar," the wilderness is given order by the presence of the jar on a hill in Tennessee. Nevertheless, the jar is "gray and bare" in its lush surroundings. In "Ars Poetica," MacLeish compares a poem to globed fruit, old medallions, a worn stone, and the flight of birds. He says a poem should be "motionless in time," like the moon. He says that the image, not its meaning, makes the poem. In "Poetry," Moore sympathizes with those who do not like poetry. She says that the best poets can or should express "the genuine."

Resumen: En *Of Modern Poetry*, Stevens dice que un poema "tiene que estar vivo" y usar el lenguaje de su época. En *Anecdote of the Jar* el tumulto de la naturaleza es ordenado por un frasco en una colina de Tennessee. Sin embargo, el frasco es "gris y sin adornos", en medio de un exhuberante ambiente. En *Ars Poetica*, MacLeish compara a un poema con una fruta redonda, con viejos medallones, con piedra gastada y el vuelo de los pájaros. Él dice que un poema debe estar "inmóvil en el espacio" como la luna. Añade que la imagen, no su significado, es lo que constituye el poema. En *Poetry*, Moore entiende a los que no gustan de la poesía. Dice que los mejores poetas pueden, o deberían expresar "lo genuino".

Explain and Respond to Poetry Some of the ideas in these poems may be hard to understand. One way to make them clearer is to explain or restate the ideas in everyday language. Get together with two or three of your classmates, and discuss how the following lines from the poems might be restated in everyday language. Then choose two more lines to explain at the end of the list. An example has been given.

Confusing Phrases	Translation
It has to be living, to learn the speech of the place.	Poetry should use modern language.
It has to face the men of the time	
I placed a jar in Tennessee, And round it was, upon a hill	
The wilderness rose up to it	
A poem should be palpable and mute As a globed fruit	
A poem should not mean But be.	
I, too, dislike it: there are things that are important beyond/all this fiddle.	
One discovers in/it after all, a place for the genuine	

Name _____ Date _____

"In Another Country" by Ernest Hemingway (text page 731)
"The Corn Planting" by Sherwood Anderson (text page 735)
"A Worn Path" by Eudora Welty (text page 740)

Summary In "In Another Country," an American officer recovering from a war injury meets three young Italian officers and an older major, all wounded. The major helps the American with his Italian grammar, advises him not to marry, and mourns the death of his own wife. In "The Corn Planting," an old farmer and his wife have two things they love: their farm and their son. One night, a telegram arrives telling of their son's death in a car accident. They spend the rest of that night planting corn, their way of dealing with grief. In "A Worn Path," an old woman makes her way along a country path. Once in town, she goes to a doctor's office to get medicine for her grandson. She alone has been taking care of him since he swallowed lye some years before.

Resumen En *In Another Country* un oficial americano, recuperándose de una herida de guerra, se encuentra con tres jóvenes oficiales italianos y un viejo mayor, todos heridos. El mayor lo ayuda a estudiar la gramática italiana, le aconseja que no se case y lamenta la muerte de su esposa. En *Corn Planting* un viejo granjero y su esposa tienen dos cosas que aman, su granja y su hijo. Una noche llega un telegrama anunciando la muerte del hijo en un accidente de carro. Los dos pasan el resto de la noche plantando maíz, que es su manera de bregar con su pena. En *A Worn Path* una vieja mujer camina por un sendero en el campo. Una vez que llega a la ciudad, la mujer va al consultorio de un médico para obtener medicinas para su nieto. Ella sola ha estado cuidándolo, desde que el muchacho había tomado lejía años antes.

Make a Character Chart Read "In Another Country" with a partner, one paragraph at a time. As you read, complete the character chart below. Then make similar charts for "The Corn Planting" and "A Worn Path." An example has been given.

Character	Character's Action	Reason for Character's Action
narrator	goes to hospital every day	to be treated for a leg injury

Name _____ Date _____

"April Showers" by Edith Wharton (text page 760)

Summary Theodora writes a novel called *April Showers* and sends it to *Home Circle* magazine for publication. Some time later, she receives word that the novel has been accepted. She is overjoyed. Finally the magazine comes out, and Theodora finds that another author is given credit for it, and then she sees that it is not even her story. She travels to Boston and goes to the editorial offices of *Home Circle* for an explanation. She is told that a famous author had sent a novel with the same title. The editor had meant to reject Theodora's, but accidentally sent an acceptance letter to both authors. Heartbroken, Theodora takes back her manuscript. Her father tells her a similar thing happened to him when he was young.

Resumen Theodora escribe una novela titulada *April Showers*, y la envía a la revista *Home Circle*, para que la publiquen. Un tiempo después, recibe la noticia de que la novela ha sido aceptada, lo que la alegra mucho. Finalmente la revista sale con la novela y Theodora descubre que dicen que otra persona es el autor, y luego ve que la novela no es la suya. Theodora viaja a Boston y va a las oficinas de *Home Circle*, para pedir una explicación. Le dicen que un autor famoso había mandado una novela con el mismo título. El publicador había tenido la intención de rechazar la novela de Theodora, pero, accidentalmente había mandado una carta de aceptación a ambos. Desconsolada, Theodora recibe su manuscrito. Su padre le dice que algo parecido le había pasado a él cuando era joven.

Identify a Chain of Events One way to keep track of events in a story is to write them in a chain-of-events organizer. Complete this one for "April Showers."

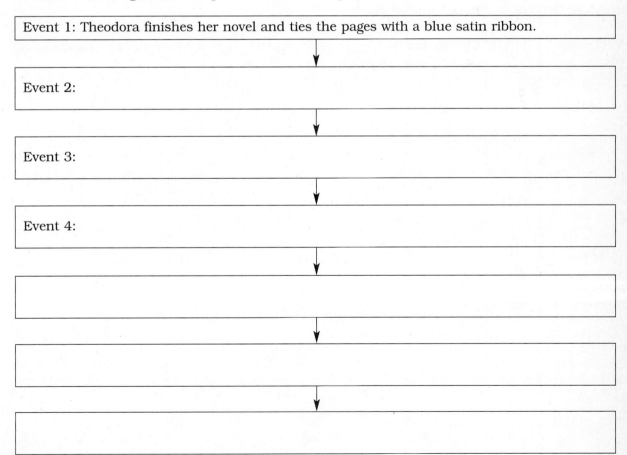

Event 1: Theodora finishes her novel and ties the pages with a blue satin ribbon.

Event 2:

Event 3:

Event 4:

"Chicago" and "Grass" by Carl Sandburg (text page 770)

Summary In "Chicago," the poet praises the city by personifying it as a strong, energetic worker. He says that there is some justification in calling Chicago wicked, crooked, and brutal. Yet he also sees the city's good side. The young worker who is the city is singing, cursing, working, and—above all—laughing. In "Grass," the grass itself addresses those who bury the dead in various wars. It tells them that because the grass will cover the graves, future passers—by will not recognize these places of carnage. Sandburg here repeats a common theme in his war poetry—namely, that the dead should rest but that the earth mocks their struggles.

Resumen En *Chicago*, Sandburg elogia a la ciudad personificándola como un obrero fuerte y enérgico. El poeta dice que hay cierta razón en decir que Chicago es mala, deshonesta y brutal. Pero él ve también el lado bueno de la ciudad. El joven obrero es la ciudad que canta, maldice, trabaja, y sobre todo, ríe. En *Grass*, es la hierba la que se dirige a los que enterraron a los muertos de varias guerras. Les dice que, porque ella cubrirá las tumbas, los que pasen no reconocerán esos lugares de matanza. Aquí, Sandburg repite un tema común en su poesía sobre la guerra —que los muertos deberían descansar, pero que la tierra se burla de sus luchas.

Reword Poet's Ideas Sometimes the ideas in a poem are difficult to understand, even if the language itself is not really difficult. One way to make the ideas clearer is to reword the lines in your own words. As you read these two poems by Carl Sandburg, choose four or five sections and put them into your own words. An example has been provided.

Poem	Lines	Rewording of lines
"Chicago"	1—5	Chicago provides pork, tools, and wheat to the world. It also handles the nation's railroad freight. It is a strong city.

"The Jilting of Granny Weatherall" by Katherine Anne Porter (text page 776)

Summary Ellen Weatherall, almost eighty, has taken to her bed and is dying. She thinks back on her life. She recalls George, who jilted her, and John, who became her husband but died when their children were still young. She recalls with pleasure her raising of the children, and she thanks God for a full life. The only thing that still bothers her is having been jilted sixty years before. In the evening, the doctor returns. The priest says the last rites, and some of the children arrive. In her final moments, Granny thinks about what she is leaving done and undone. As she watches the "light" of her life dwindle away, she asks God for a sign. Receiving no answer, she blows out the "light" herself.

Resumen Ellen Weatherall, de casi ochenta años, está en cama, muriendo. Ella piensa sobre su vida. Recuerda a George, que la abandonó, y a John, que fue su marido, pero murió cuando sus hijos eran niños. Recuerda con placer cómo crió a sus niños, y agradece a Dios una vida plena. La única cosa que la molesta es haber sido abandonada sesenta años atrás. El médico vuelve por la tarde, el sacerdote le da los últimos sacramentos, y llegan algunos de sus hijos. En su últimos momentos, Granny piensa que está por partir con cosas acabadas y cosas inacabadas. Mientras observa disminuir a la "luz" de su vida, le pide a Dios una señal. Al no recibir una respuesta, ella misma apaga la "luz".

Make a Timeline In some stories, the narrative jumps back and forth from the present to the past and back again. This might make it difficult to follow the story. One way to keep the timing of the events clear in your mind is to make a timeline. As events are described, enter them in the proper place on the timeline. For this story, make a timeline labeled 20, 40, 60, and 80, to represent the various ages of Granny Weatherall. You might have to estimate Granny Weatherall's age when various events happened. As you read, enter each event in the proper place on the timeline. An example has been done.

20 _____

_____

_____

_____

_____

40 _____

_____

_____

_____

60 _____

_____

_____

_____

_____

80　Doctor Harry checks her.

"Race at Morning" and "Nobel Prize Acceptance Speech"
by William Faulkner (text page 786)

Summary In "Race at Morning," a boy is the first to spot the buck swimming up the river. This deer usually leaves the day before hunting season opens and returns the day after, but this year he is off by one day. The boy and Mister Ernest, his guardian, chase the deer the next morning. When it comes time to shoot, Mister Ernest has no bullets. He explains to the boy later that it's better for the deer to stay alive, so they can hunt him again next year. In accepting his Nobel Prize, Faulkner tells young writers to set aside fear of world destruction and address the basic problems of love, honor, and compassion. It is the writer's duty to remind man of the glory of his past, to help him endure and prevail.

Resumen En *Race at Morning* un chico es el primero que ve al ciervo nadando en el río. El animal generalmente se va un día antes de que empiece la temporada de caza y vuelve un día después que termine, pero este año está atrasado un día. A la mañana siguiente, el chico y Mr. Ernest, su tutor, persiguen al ciervo. Cuando llega el momento de disparar, Mr. Ernest no tiene balas, y le explica al chico que es mejor así, que el ciervo continúe vivo, para que ellos puedan cazarlo el próximo año. Al aceptar el premio Nobel, Faulkner se dirige a los escritores jóvenes. Dice que deben poner de lado su miedo de la destrucción del mundo y tratar los temas básicos de amor, honor y compasión. Añade que es la obligación del escritor recordar a la humanidad de su glorioso pasado, para ayudarla a sobrellevar y prevalecer.

Understand Dialect/Summarize the Main Idea In "Race at Morning," Faulkner uses dialect, a way of speaking that is unique to certain people and places. Sometimes, the best way to understand dialect is to read it out loud, listening for words that might be misspelled, or incorrect verb forms. For example, if you read the phrase "him and Uncle Ike would sholy manage," you can hear that *sholy* must mean *surely*. For the passage below, rewrite the dialect the way you would speak, as shown in the example. Then practice the strategy by rewriting another passage from the story.

When you finish, summarize the main idea in each paragraph of Faulkner's "Nobel Prize Acceptance Speech."

(1) I was in the boat when I seen him. (2) It was jest dust-dark; (3) I had jest fed the horses and clumb back down the bank to the boat and shoved off to cross back to camp when I seen him. . . . (4) But I could see that rocking chair he toted on it (5) and I knowed it was him, going right back to that canebrake in the fork of the bayou . . . (6) like the game wardens had give him a calendar, when he would clear out and disappear, nobody knowed where. . . .

1. I was in the boat when I saw him. _____

2. _____

3. _____

4. _____

5. _____

6. _____

Robert Frost's Poetry (text page 804)

Summary In "Birches," Frost sees himself as one who swings on imaginary birch trees that carry him to heaven and return him to earth, where he is content to stay. In "Mending Wall," Frost describes the upkeep of stone walls that separate neighbors. "Out, Out—" tells of the death of a boy in a farm accident. The speaker of "Stopping by Woods on a Snowy Evening" stops to watch the falling snow, but he must move on, for he has "promises to keep" and "miles to go" before he can sleep. In "Acquainted with the Night," Frost suggests that the moon reminds us that we cannot expect to understand everything now. "The Gift Outright" refers to the land on which our country is built.

Resumen En *Birches,* Frost se ve columpiándose en abedules imaginarios que lo llevan al cielo y lo devuelven a la tierra, donde él está contento en quedarse. En *Mending Wall* el poeta describe el mantenimiento de las paredes de piedras que separan a los vecinos. *Out, Out* cuenta la muerte de un niño en un accidente en una granja. El narrador de *Stopping by Woods on a Snowy Evening* se detiene para mirar caer la nieve, pero debe continuar porque tiene "promesas que cumplir" y "millas para caminar", antes de poder irse a dormir. En *Acquainted with the Night,* Frost sugiere que la luna nos recuerda que no podemos esperar entender todo ahora. *The Gift Outright* se refiere a la tierra sobre la que se construyó nuestro país.

Restate Poetry as Prose Sometimes poetic language is difficult to understand. One way to make it clearer is to restate it as prose, in everyday language. Read these poems with a partner. When you come to the end of a complete thought (for instance, the end of a sentence), stop and rephrase that part in your own words. For example, the first sentence of "Mending Wall" is the first three lines. Your restating of that sentence might be something like this:

Sometimes acts of nature can destroy walls.

Take turns reading the poems and writing the sentences or complete thoughts in your own words. When you finish, compare your sentences with those of your classmates.

_____
_____
_____
_____
_____
_____
_____
_____
_____
_____
_____
_____

"The Night the Ghost Got In" by James Thurber (text page 818)
from *Here Is New York* by E. B. White (text page 822)

Summary In "The Night the Ghost Got In," the narrator hears footsteps and wakes his brother. The footsteps come upstairs, but the boys can see no one. The mother appears, throws a shoe through a neighbor's window, and asks the startled man to call the police, who arrive with reporters. They break down the door and ransack the house. In the attic, the grandfather shoots a policeman in the shoulder. In the morning the family can only wonder at what has happened. This excerpt from *Here Is New York* tells why New York is such a special city. Outsiders are often uncomfortable in the city because it seems so big. People who live there know that the city has thousands of tiny neighborhoods, where everybody knows everybody else.

Resumen En *The Night the Ghost Got In* el narrador escucha pisadas y despierta a su hermano. Las pisadas llegan arriba, pero los chicos no ven a nadie. Aparece la madre, arroja un zapato por la ventana de un vecino, y le pide al sorprendido hombre que llame a la policía, la que llega con periodistas. Rompen la puerta y destrozan la casa. En el ático, el abuelo le dispara a un policía y lo hiere en el hombro. Por la mañana, la familia se pregunta qué pudo haber pasado. Este pasaje de *Here is New York* dice por qué New York es una ciudad tan especial. Los que no son de New York, con frecuencia se sienten incómodos en ella porque parece tan grande. Pero la gente que vive en ella sabe que la ciudad tiene miles de pequeños barrios, donde todo el mundo se conoce.

Identify Paragraph Topics Whether you are reading fiction or nonfiction, it is a good idea to stop from time to time and ask yourself what you've read so far. With a partner, read "The Night the Ghost Got In," stopping after each paragraph. Identify the topic, or the main idea, of that paragraph before going on to the next. When you are finished, follow the same procedure for the excerpt from *Here Is New York*.

The topic of the first paragraph of "The Night the Ghost Got In" might be expressed in the following way:

A ghost got into our house on November 17, 1915, and caused a great deal of confusion.

_____

_____

_____

_____

_____

_____

_____

_____

_____

_____

_____

Name _____ Date _____

from _Dust Tracks on a Road_ by Zora Neale Hurston (text page 830)

Summary In this excerpt from _Dust Tracks on a Road_, Zora Neale Hurston describes life in a small Florida town and herself as a child. Self-assured and filled with curiosity, she often stopped white travelers and asked to accompany them for a short distance. Hurston talks about her first real interaction with white people and the role they played in developing her literary tastes. During a school visit of two white women from the North, Zora reads very well, and the visitors later invite her to visit them at their hotel. There they reward her with exotic sweets and a hundred new pennies. Later she receives an Episcopal hymn book, clothing, and a number of books that please her more than anything else.

Resumen En este pasaje de _Dust Tracks on a Road_, Zora Neale Hurston describe la vida en un pequeño pueblo de Florida y a ella misma cuando niña. Con confianza en sí misma y llena de curiosidad, con frecuencia detenía a viajeros blancos y les pedía acompañarlos un trecho. Hurston habla de sus primeros tratos con personas blancas y del papel que éstas tuvieron en el desarrollo de sus preferencias literarias. Durante una visita de dos mujeres blancas del Norte a su escuela, Zora lee muy bien y las mujeres la invitan a visitarlas más tarde en su hotel. Allí la agasajan con dulces exóticos y un centenar de monedas nuevas de un centavo. Más tarde Zora recibe un libro de himnos episcopales, ropas y un número de libros, que la complacen más que ninguna otra cosa.

Analyze Characters Read this excerpt from _Dust Tracks on a Road_ with a partner, one or two paragraphs at a time. As you read, complete the character chart below. A few examples are given. When you are finished, compare your chart with those of your classmates.

Character	Character's Action	Reason for Character's Action
Zora	sits on gatepost	to watch the world go by
Zora	asks to go along with white travelers	to take a ride in a car or carriage
Grandmother	tells Zora not to do it	to protect Zora from harm

"Refugee in America," "Ardella," "The Negro Speaks of Rivers," and
"Dream Variations" by Langston Hughes (text page 840)
"The Tropics in New York" by Claude McKay (text page 843)

Summary In "Refugee in America," Hughes tells how the words *Freedom* and *Liberty* cause his heart to sing and almost make him cry. He says that the reader would understand if "you had known what I knew." "Ardella" describes a woman who defies comparison because of her eyes and her songs. In "The Negro Speaks of Rivers," the speaker recalls ancient rivers and the peoples who lived along their shores. He compares the depth of his soul to that of the rivers. "Dream Variations" expresses the poet's wish to dance all day and then rest in the night that comes tenderly, "Black like me." In "The Tropics in New York," the sight of tropical fruits in a window brings back memories of the poet's home in the tropics, causing him to bow his head and weep.

Resumen En *Refugee in America,* Hughes dice cómo las palabras *Freedom* y *Liberty,* hacen que su corazón cante y a él casi lo hacen llorar. Dice que el lector entendería si "supiera lo que él sabe". *Ardella* describe a una mujer que desafía toda comparación debido a sus ojos y canciones. En *The Negro Speaks of Rivers* el narrador recuerda antiguos ríos y a los pueblos que vivieron a sus orillas. También compara la profundidad de su alma con la de los ríos. *Dream Variations* expresa el deseo del poeta de bailar todo el día y luego descansar cuando la noche llegue suavemente, "Negra como yo". En *The Tropics in New York* unas frutas tropicales en una ventana le recuerdan al poeta su hogar en los trópicos, haciéndolo bajar la cabeza y llorar.

React to Poetry Poetry often causes an emotional response in the reader. As you read these poems, think about how they make you feel. Does a certain line make you feel sad, happy, joyful, or peaceful? Does it make you wish you could go back to a certain time or place? Does it make you feel like crying or laughing? Does it make you curious about the characters speaking or described in the poem? Complete the chart below. Write about how certain lines in each poem makes you feel. An example has been given.

Poem	Lines	How the Lines Make Me Feel
"Refugee in America"	"If you had known what I knew You would know why"	I feel sad for the narrator. I wonder what makes him want to cry.

"From the Dark Tower" by Countee Cullen (text page 848)
"A Black Man Talks of Reaping" by Arna Bontemps (text page 850)
"Storm Ending" by Jean Toomer (text page 851)

Summary In "From the Dark Tower," the poet seems to say that better times are coming for those who plant "while others reap." He says the night is no less lovely because it is dark, and that some flowers cannot bloom in the light. He closes by referring to waiting in the dark, tending "our agonizing seeds." In "A Black Man Talks of Reaping," the poet describes his careful planting of a large crop from which he reaped only a small harvest. While his brother's sons gather the bounty of his fields, his own children eat bitter fruit gathered from fields they have not sown. In "Storm Ending," thunder and the storm are compared with huge, hollow flowers blossoming overhead. As the flowers bleed rain and drip like honey, the sweet earth flies from the storm.

Resumen *From the Dark Tower* parece decir que vienen mejores tiempos para aquellos que plantan "mientras otros cosechan". Dice que la noche no es menos encantadora por ser negra, y que muchas flores no pueden abrirse en la luz. Termina refiriéndose a una espera en la oscuridad, cuidando a "nuestras agonizantes semillas". En *A Black Man Talks of Reaping* el poeta describe cómo plantó cuidadosamente lo que él esperaba fuera una gran cosecha, pero resultó una cosecha pequeña. Mientras los hijos de su hermano recogen el tesoro de sus campos, sus propios hijos comen fruta amarga, recogida de campos que no habían cultivado. En *Storm Ending* los truenos y tormentas son flores enormes y huecas. A medida que las flores se desangran en lluvia y gotean como la miel, la dulce tierra huye de la tormenta.

Explain Poetic Images Many poets use strong images to suggest ideas, emotions, or thoughts. One way to understand poetry is to form a mental picture of the image and then ask yourself how that mental picture makes you feel. That is probably what the poet is trying to get you to feel.

Here are some images from the poems. Describe the picture that forms in your mind when you read each one, and tell how it makes you feel. An example has been given.

"From the Dark Tower"

1. The night whose sable breast relieves the stark, / White stars

   The word *sable*, which can mean a costly fur, suggests softness and warmth. It also means the color black, so I see a contrast to the white stars. It gives me a feeling of luxury.

2. tend our agonizing seeds

_____

"A Black Man Talks of Reaping"

1. my children glean in fields/they have not sown

_____

2. and feed on bitter fruit

_____

"Storm Ending"

1. Thunder blossoms gorgeously above our heads
   Dripping rain like golden honey

_____

Name _____ Date _____

"The Life You Save May Be Your Own" by Flannery O'Connor (text page 879)

Summary An old woman and her daughter, both named Lucynell Crater, are sitting on their porch when a one-armed man named Mr. Shiftlet appears. He says he is a carpenter. He agrees to fix up the old woman's property in exchange for food and a place to sleep. Within a week, he has not only made the needed repairs but has taught the girl, who is deaf and mute, to say "bird." After fixing the car, he agrees to marry the daughter. The old woman gives him money to take an overnight trip with his new bride. He leaves the girl at a roadside eatery and heads toward Mobile in the old woman's car. On the way, he picks up a hitchhiker and begins to talk to him about mothers. The boy insults both their mothers and jumps out of the car. Mr. Shiftlet continues on his way as the rain begins to fall.

Resumen Una anciana y su hija, ambas llamadas Lucynell Crater, están sentadas en su porche, cuando aparece un hombre con un solo brazo, que dice ser carpintero. Acuerda con la anciana hacer algunos trabajos a cambio de comida y un lugar para dormir. En una semana, el hombre no sólo hizo las reparaciones necesarias, también le enseñó a la hija, que es sordomuda, a decir "pájaro". Luego de arreglar el carro, el hombre acepta casarse con la hija, y la anciana le da dinero para que hagan un viaje de un día. El hombre deja a la joven en un restaurante y se va con el carro a Mobile. De camino, recoge a un muchacho y comienzan a hablar sobre madres. El muchacho insulta a su madre y a la del hombre y salta del carro. Mr. Shiflet, que así se llamaba el hombre, continúa su viaje, cuando empieza a llover.

Analyze Characters' Behavior Read "The Life You Save May Be Your Own" with a partner, one or two paragraphs at a time. As you read, make a character analysis chart like the one below. The first entry has been done as an example.

Character	Character's Action	Reason for Character's Action
old woman	She shades her eyes with her hand.	She wants to block the sun so she can better see the stranger.

"The First Seven Years" by Bernard Malamud (text page 893)

Summary Feld, a shoemaker, wants his nineteen-year-old daughter, Miriam, to go out with a local college boy named Max. One day Max brings in some shoes for repair. Feld persuades him to ask Miriam out. When Max leaves, Sobel, Feld's helper, breaks the last with his heavy pounding and flees from the store. Feld hires a new but less trustworthy helper. After their second date, Miriam reports that Max is a soulless bore. When Feld learns that his new helper has been stealing from him, he has a heart attack. When he recovers, he goes to see Sobel. He learns that Sobel has worked for him for five years only because he is in love with Miriam. Feld tells Sobel to wait two more years before asking Miriam to marry him. The next morning, Sobel is at work, "pounding leather for his love."

Resumen Feld, un zapatero, quiere que Miriam, su hija de 19 años, salga con Max, un estudiante universitario. Un día Max trae unos zapatos para arreglar y Feld lo convence de que invite a salir a Miriam. Cuando Max se va, Sobel, el ayudante de Feld, rompe una horma de zapatos con su martilleo y huye de la zapatería. Feld contrata a un nuevo ayudante, no tan fiable como Sobel. Luego de su segunda cita, Miriam dice que Max es terriblemente aburrido. Cuando Feld se entera que su nuevo ayudante le roba, va a ver a Sobel. Ahí se entera que Sobel ha trabajado para él por cinco años, solamente porque está enamorado de Miriam. Feld le dice que espere dos años más antes de pedir la mano de Miriam. A la mañana siguiente, Sobel está en el trabajo, "golpeando cuero por su amor".

Make a Timeline One way to follow the plot of a story is to make a timeline. Work with a partner to divide the story into sections. Use a chart like the one below to record the events that take place during each section. When you have finished your chart, summarize the events you have recorded. Share your summaries with your classmates.

Section 1 Events	Section 2 Events	Section 3 Events

Summary:

_____

_____

_____

_____

_____

_____

"The Brown Chest" by John Updike (text page 904)

Summary A big wooden chest had always been in a family's house. Until the narrator was thirteen, the chest was on the second floor. When the family moved to a smaller house, the chest was put into the attic, where it stayed for over forty years. Inside the chest were souvenirs of the family's life. When the narrator's grandmother died, the chest was moved again. He and his brother carried it to the moving van. The chest, along with some of the old furniture, came to rest in the narrator's barn. Years later, his youngest son came to the house to claim some of the furniture. He brought with him the girl he was planning to marry. When she opened the chest, "the smell of family, family without end," filled the air, astonishing him.

Resumen Un arcón grande de madera había estado siempre en la casa de la familia. Hasta que el niño tuvo trece años, el arcón había estado en el segundo piso. Cuando la familia se mudó a una casa más pequeña, pusieron el arcón en el ático, donde permaneció por cuarenta años. Dentro del arcón habían recuerdos familiares. Cuando la abuela murió, movieron de nuevo al arcón. El muchacho y su hermano lo llevaron al camión de mudanzas. El arcón, junto con los viejos muebles, terminó en un granero. Años más tarde, el hijo más joven llegó a la casa a reclamar algunos de los muebles. Traía con él a una joven, con la que pensaba casarse. Cuando la joven abrió el arcón, "el olor de familia, de familia sin fin", llenó el aire, sorprendiéndolo.

Form a Mental Picture If you picture in your mind's eye what an author describes, you will not only get more enjoyment out of what you read, you will also understand it better. Listen to the audiocassette recording of the story as you read along. Picture each scene as you listen. Use this page to jot down notes to describe what you picture in your mind. Then work with a partner to draw sketches of what Updike describes in each of the following scenes.

1. the brown chest in the first house the narrator lived in

2. the narrator looking into the brown chest the week before the family's move when he was thirteen

3. the brown chest as it appeared in the attic of the second house

4. the narrator and his brother taking the chest to the moving van, after their mother died

5. the narrator's youngest son and his fiancée opening the chest in the narrator's barn

_____

_____

_____

_____

_____

_____

_____

_____

_____

_____

Name _____ Date _____

"Hawthorne" by Robert Lowell (text page 914)
"Gold Glade" by Robert Penn Warren (text page 916)
"The Light Comes Brighter" and **"The Adamant"** by Theodore Roethke (text page918)
"Traveling Through the Dark" by William Stafford (text page 920)

Summary In "Hawthorne," the speaker walks along the streets of Salem, trying—and failing—to picture Hawthorne in that setting. The speaker compares the blond Hawthorne, who wore a mustache, with the dark-bearded faces of other New England authors. In "Gold Glade," the speaker recalls an autumn walk through the woods. In a glade, he sees a beautiful hickory tree giving forth gold light. No matter where the poet goes, he knows the tree still stands in the glade. In "The Light Comes Brighter," the poet describes the arrival of spring, when the "light comes brighter from the east." "The Adamant" tells of the strength of the truth. It can bear the "the hammer's weight," for its "core lies sealed." "Traveling Through the Dark" traces the speaker's experience removing a dead—and pregnant—deer from the road.

Resumen En *Hawthorne* el narrador camina por las calles de Salem, tratando, sin poder, de imaginarse a Hawthorne en ese ambiente. El narrador compara al rubio Hawthorne, quien sólo tenía bigotes, con las caras oscuras y barbadas de otros escritores de New England. En *Gold Glade* el que habla recuerda una caminata por los bosques en otoño. En un claro, ve a un hermoso nogal que despide una luz dorada. El poeta sabe que no importa donde vaya, él sabe que el árbol está ahí. En *The Light Comes Brighter* el poeta describe la llegada de la primavera, cuando "la luz llega más luminosa del este". *The Adamant* habla de la fuerza de la verdad, que puede soportar "el peso del martillo", porque "su centro está sellado". *Traveling Through the Dark* cuenta lo que experimentó el que habla al retirar una cierva muerta y embarazada de la ruta.

Restate Poetry as Prose In order to understand a poem better, it often helps to rewrite it as if it were prose. For each line, reword the poem in ordinary language, the kind of language you would use for speaking. For example, the first few lines of "Gold Glade" might be reworded like this:

> One autumn, I wandered through the same woods I had known in boyhood. Thick, black cedar trees covered the ridge.

Rephrase each line of the poem as prose. Then sum up the idea of the poem in your own words. When you are finished with "Gold Glade," do the same for the other poems.

_____

_____

_____

_____

_____

_____

_____

_____

_____

_____

Name _____ Date _____

"Average Waves in Unprotected Waters" by Anne Tyler (text page 926)

Summary Bet wakes Arnold, her nine-year-old son, dresses him, and tries to give him breakfast. She picks up his suitcase and takes him to the train station. On the train, she thinks about her unsuccessful marriage, which ended when Avery left her alone to raise their severely retarded son. Bet and Arnold take a taxicab from the Parkinsville railroad station to the state hospital. There, a nurse takes him to a hallway lined with cots. Bet is quickly ushered out and advised not to return for six months. She takes the cab back to the station and is horrified to learn that her train will be twenty minutes late. She listens to the mayor as he gives a speech, observing as if it were a private play performed for her benefit.

Resumen Bet despierta a Arnold, su hijo de nueve años, lo viste y trata de servirle el desayuno. Bet recoge la maleta y lleva a su hijo a la estación de tren. En el tren, piensa sobre su desdichado matrimonio, que terminó cuando Avery la abandonó y ella tuvo que criar sola a su hijo, quien estaba severamente incapacitado mentalmente. Bet y Arnold toman un taxi de la estación de Parkinsville hasta el hospital estatal. Allí, una enfermera acompaña a Arnold por un pasillo lleno de camas. A Bet la hacen salir rápidamente del hospital y le dicen que no vuelva por seis meses. Ella toma el taxi de vuelta a la estación y se horroriza al enterarse que su tren está atrasado veinte minutos. Escucha al alcalde dar un discurso, observando todo como si fuera una obra que están representando sólo para ella.

Identify Chain of Events Use this sequence organizer to record the main events in "Average Waves in Unprotected Waters." Some information has already been provided. You may want to continue the organizer on another piece of paper.

```
┌─────────────────────────────────────────────────────────────┐
│                                                               │
│                                                               │
└─────────────────────────────────────────────────────────────┘
                              │
                              ▼
┌─────────────────────────────────────────────────────────────┐
│ Bet and Arnold come down the stairs, and Mrs. Puckett gives   │
│ Arnold some cookies.                                          │
└─────────────────────────────────────────────────────────────┘
                              │
                              ▼
┌─────────────────────────────────────────────────────────────┐
│                                                               │
│                                                               │
└─────────────────────────────────────────────────────────────┘
                              │
                              ▼
┌─────────────────────────────────────────────────────────────┐
│ Arnold is nervous on the train at first, but he soon calms    │
│ down.                                                         │
└─────────────────────────────────────────────────────────────┘
                              │
                              ▼
┌─────────────────────────────────────────────────────────────┐
│ Bet thinks back on her marriage to Avery.                     │
└─────────────────────────────────────────────────────────────┘
                              │
                              ▼
┌─────────────────────────────────────────────────────────────┐
│                                                               │
│                                                               │
└─────────────────────────────────────────────────────────────┘
                              │
                              ▼
┌─────────────────────────────────────────────────────────────┐
│                                                               │
│                                                               │
└─────────────────────────────────────────────────────────────┘
```

from *The Names* by N. Scott Momaday (text page 936)

"Mint Snowball" by Naomi Shihab Nye (text page 940)

"Suspended" by Joy Harjo (text page 942)

Summary In this excerpt from *The Names*, the narrator tells about a horse his parents gave him when he was thirteen. He names it Pecos. He and Pecos have many interesting adventures together. Years later, he still thinks of Pecos, whom he finally sold to an old man. In "Mint Snowball," the author recalls the drugstore that her great-grandfather used to own. She especially remembers an ice cream treat that he invented. Before he died, he sold the recipe to someone in town. Nobody in the family could ever make the syrup the same way. In "Suspended," the author remembers a moment in her life before she could talk. She was in a car with her parents, and they were listening to jazz on the radio. At that moment she recognized music as a way to communicate.

Resumen En *The Names* el narrador habla de un caballo que sus padres le regalaron cuando él tenía trece años y al que había nombrado Pecos. El narrador y Pecos tuvieron muchas e interesantes aventuras. Años más tarde, el autor todavía piensa en Pecos, a quien finalmente había vendido a un anciano. En *Mint Snowball* la autora recuerda el *drugstore* que tenía su bisabuelo, especialmente un helado que él había inventado. Antes de morir, el bisabuelo vendió la receta del helado a alguien del pueblo. Nadie en la familia pudo hacer el jarabe de la misma manera. En *Suspended* la autora recuerda un momento en su vida, antes de que aprendiera a hablar. Ella estaba en un carro con sus padres, y estaban escuchando jazz en el radio. En ese momento ella se dio cuenta de que la música era una forma de comunicación.

Summarize Paragraphs One way to follow the ideas in an essay is to summarize paragraphs as you read. With a partner, read these essays. At the end of each paragraph, stop and discuss the main idea in that paragraph. Then write a sentence that summarizes the main idea. Follow the example that is given for "Mint Snowball."

Paragraph beginning...	Summary
My great-grandfather on...	My great-grandfather had an old-fashioned drugstore.

"Everyday Use" by Alice Walker (text page 948)

Summary A mother and her daughter Maggie await a visit from the older daughter, Dee. The mother is a hard-working, undereducated woman who lives in a modest rural home. Maggie is shy and badly scarred from a fire that burned down their previous house. As they wait, the mother recalls how Dee had resented their poverty. Dee arrives with a long-haired male companion. She says she has changed her name to Wangero. She asks for some of the family belongings, including two hand-made quilts. She wants to use them as pieces of art even though her mother has planned to give them to Maggie when she marries. The mother snatches the quilts and gives them to Maggie. Dee and her companion leave in a huff. The story ends with Maggie and her mother sitting contentedly on the porch.

Resumen Una madre y su hija, Maggie, esperan la visita de la hija mayor, Dee. La madre es una mujer trabajadora, de poca educación, que vive en una casa modesta. Maggie es tímida y con cicatrices, consecuencias del incendio que había destruido su previa casa. Mientras esperan, la madre recuerda como Dee había resentido ser pobre. Dee llega acompañada por un hombre de pelo largo. Dice que se ha cambiado el nombre a Wangero y pide algunas posesiones familiares, incluidas dos mantas hechas a mano. Las quiere usar como objetos de arte, a pesar de que la madre pensaba dárselas a Maggie, cuando ésta se casara. La madre arrebata las mantas y se las da a Maggie. Dee y su acompañante se van enojados. La historia termina con Maggie y su madre contentas, sentadas en su porche.

Analyze Characters Read "Everyday Use" with a partner, one or two paragraphs at a time. As you read, complete the character analysis chart below. You may want to continue this chart on another piece of paper.

Character	Character's Action	Reason for Character's Action
Maggie	helped her mother sweep the yard	to prepare for her sister's visit

from _The Woman Warrior_ by Maxine Hong Kingston (text page 958)

Summary Brave Orchid is waiting at San Francisco International Airport for her sister to arrive from Hong Kong. She has not seen Moon Orchid for thirty years. Brave Orchid has been awake since the plane took off, for she must concentrate and "add her will power to the forces that keep an airplane up." She has brought her niece, Moon Orchid's only daughter, with her. She has also brought two of her own children, and enough blankets and food for everyone. They wait at the airport for more than nine hours. Finally the plane lands, but they must wait another four hours for the passengers to get past the "Immigration Ghosts." When she finally sees her sister, Brave Orchid cannot believe how old she looks. Her sister feels the same way about her.

Resumen Brave Orchid está en el aeropuerto de San Francisco, esperando a su hermana, Moon Orchid, que viene de Hong Kong, y a quien no ha visto en treinta años. Brave Orchid no ha podido dormir porque cree que debe concentrarse para "sumar su fuerza de voluntad a las fuerzas que mantienen al avión en el aire". Brave Orchid espera con su sobrina, la única hija de Moon Orchid, con sus dos hijos, y suficiente comida y mantas para todos. Habían estado esperando el avión por más de nueve horas. Finalmente el avión llega, pero tienen que esperar otras cuatro horas hasta que los pasajeros pasen por los "Fantasmas de Inmigración". Cuando Brave Orchid finalmente ve a su hermana, no puede creer lo vieja que se ve. La hermana piensa lo mismo de Brave Orchid.

Identify Paragraph Topics A good way to understand what you read is to identify the topic of each paragraph as you go along. Working with a partner, list the topics of each paragraph in this excerpt from _The Woman Warrior_. The first paragraph has been modeled for you.

Paragraph 1: Brave Orchid waited for over nine hours at the airport for her sister to arrive from Hong Kong, using her will power to help keep the plane in the air.

_____

_____

_____

_____

_____

_____

_____

_____

_____

_____

_____

_____

_____

_____

_____

_____

Name _____ Date _____

"Antojos" by Julia Alvarez (text page 966)

Summary Yolanda is looking for guavas, which she has been craving. Her aunts, who live in the capital, are afraid for her safety. They tell her a woman should not travel alone, for "This is not the States." Yolanda stops at a roadside stand and arranges to pick some guavas, with the help of some boys who want a ride in her car. They pick guavas for an hour, and all but one of the boys disappear. By now it is almost dark. Yolanda and the remaining boy, Jose, find that she has a flat tire. He goes for help, leaving her at the car. Suddenly two men appear, carrying machetes. Yolanda is frightened, although the men seem friendly. They change her tire and refuse any payment, saying it was their pleasure. She stuffs money into one of the men's pockets, picks up Jose, drives him home, and leaves.

Resumen Yolanda busca guavas, de las que tiene antojo. Sus tías, que viven en la capital, temen por ella. Le dicen que una mujer no viaja sola, porque "esto no son los Estados". Yolanda se detiene en una frutería de la ruta y hace arreglos con unos muchachos, que quieren un viaje en carro, para recoger guavas. Recogen guavas por una hora, y todos, menos uno de los muchachos, desaparecen. Ya es de noche y Yolanda y José, el muchacho, encuentran que el carro tiene una llanta pinchada. José va a buscar ayuda, dejando a Yolanda en el carro. De repente, aparecen dos hombres con machetes, pero aparentemente amistosos. Los hombres cambian la llanta y rehusan dinero, diciendo que había sido un placer. Yolanda da dinero a uno de los hombres, recoge a José, lo lleva a su casa, y se va.

Sequence Events One way to keep track of events in a story is to write them in a chain-of-events organizer. Complete this organizer for "Antojos." You may have to continue it on another piece of paper.

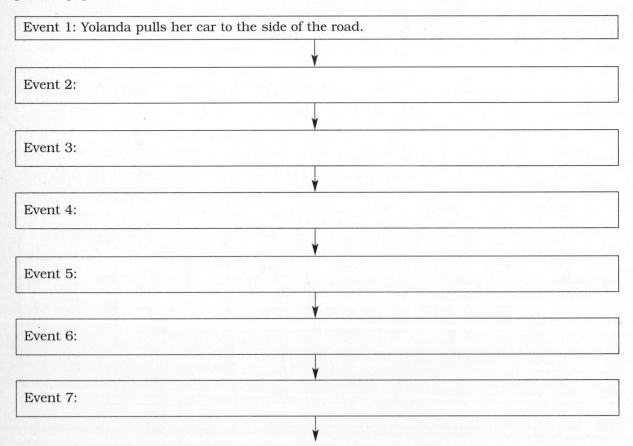

Event 1: Yolanda pulls her car to the side of the road.

Event 2:

Event 3:

Event 4:

Event 5:

Event 6:

Event 7:

Name _____ Date _____

"Freeway 280" by Lorna Dee Cervantes (text page 978)
"Who Burns for the Perfection of Paper" by Martín Espada (text page 979)
"Hunger in New York City" by Simon Ortiz (text page 980)
"Most Satisfied by Snow" by Diana Chang (text page 981)
"What For" by Garrett Hongo (text page 982)

Summary In "Freeway 280," the speaker returns to her old neighborhood, which has been torn down and replaced by a highway. There, she finds new signs of life. In "Who Burns for the Perfection of Paper," the speaker describes a job he had at sixteen, making yellow legal pads. In "Hunger in New York City," hunger is a presence that comes to you. It asks you to remember the world you once knew. In the city, one cannot feed oneself. So the speaker is feeding himself with the soul of the earth. In "Most Satisfied by Snow," fog can press against the window, but snow has a stronger physical presence. The speaker, learning this lesson, flowers in self-knowledge. In "What For," the speaker recalls what was important to him as a child in Hawaii.

Resumen: En *Freeway 280* la narradora regresa al sitio de su viejo vecindario, el que había sido reemplazado por una carretera. Allí, halla nuevas señales de vida. En *Who Burns for the Perfection of Paper* el narrador describe un trabajo que tenía a los dieciséis años, haciendo bloques de papel amarillo. En *Hunger in New York City* el hambre es una presencia que te visita. Te pide que recuerdes al mundo que conociste una vez. En la ciudad, uno no se puede alimentar, por lo que el narrador se alimenta con el alma de la tierra. En *Most Satisfied by Snow* la niebla se puede apretar contra la ventana, pero la nieve tiene una presencia física más fuerte. El narrador, al aprender esta lección, florece en autoconocimiento. En *What For* el narrador recuerda lo que fue importante para él, cuando era un niño en Hawai.

Reword Poet's Ideas Sometimes the ideas in a poem are difficult to understand, even if the language itself is not really difficult. One way to make the ideas clearer is to reword the lines in your own words. As you read these poems, choose four or five sections and put them into your own words. An example has been provided.

Poem	Lines	Rewording of lines
"Freeway 280"	1–5	The little houses and flowers near the cannery are gone now. A freeway has replaced them.

from *The Mortgaged Heart* by Carson McCullers (text page 994
"Onomatopoeia" by William Safire (text page 996)
"Coyote v. Acme" by Ian Frazier (text page 998)

Summary This excerpt from *The Mortgaged Heart* talks about the isolation many people in cities feel. From infancy to death, we all want to claim our identity and belong. After our identity is established, we wish to lose our sense of moral isolation. Love is the bridge from *I* to *we*. In "Onomatopeia," Safire gives a history of this name for the use of words that imitate sounds. He then talks about the word *zap*, which takes the concept one step further. It imitates an imaginary noise—the sound of a paralyzing ray gun. "Coyote v. Acme" is the opening statement of a lawyer defending Wile E. Coyote, the cartoon character, against the Acme Company. The case concerns faulty equipment sold by Acme, which caused Mr. Coyote to be injured in his job of chasing the Roadrunner.

Resumen *The Mortgaged Heart* habla de la aislación de mucha gente en las ciudades. Desde la infancia hasta la muerte, queremos establecer nuestra identidad y pertenecer. Luego, todos queremos librarnos de la sensación de aislación moral. El amor es el puente del *Yo al Nosotros*. *En Onomatopeia*, Safire cuenta la historia de las palabras que imitan sonidos. Luego, habla de la palabra *zap*, la que vas aún más allá. *Zap* imita a un sonido imaginario —el de un arma de rayos paralizantes. *Coyote v. Acme* es como un abogado comienza el juicio de Wile E. Coyote, el personaje de la tira cómica, en contra de la Acme Company. El caso trata de la venta a Coyote de equipo defectuoso por parte de la compañía Acme. Este equipo causó lesiones a Coyote en su trabajo de perseguir al Roadrunner.

Paraphrase Sometimes the ideas in an essay might seem hard to understand. This is especially true when the sentences are long. A good way to make an essay's ideas clearer is to paraphrase, or restate them in simpler language and shorter sentences. In a small group, take turns reading aloud these essays. When you get to the end of a paragraph, paraphrase it, or put it into your own words. For example, your paraphrase of the first paragraph of "Onomatopoeia" might be something like this:

The word *onomatopoeia* refers to words that sound like the action they describe.

Take turns reading the essays and rewriting the ideas in each paragraph in your own words. When you finish, compare your sentences with those of your classmates.

_____
_____
_____
_____
_____
_____
_____
_____
_____
_____
_____

"Straw Into Gold" by Sandra Cisneros (text page 1006)
"For the Love of Books" by Rita Dove (text page 1010)
"Mother Tongue" by Amy Tan (text page 1012)

Summary Cisneros opens with a humorous story about her first try at making tortillas. She compares this to spinning a roomful of straw into gold. She lists other things she has done that she didn't think she could. She says there is a wealth of straw in the world just waiting for someone with imagination to spin it into gold. In "For the Love of Books," Dove says her love of books began in childhood. She read everything from Shakespeare to science fiction. When her eleventh-grade English teacher took her to a book-signing, she realized writers were real people. In "Mother Tongue," Amy Tan talks about "all the Englishes" she uses as a Chinese American. When she began to think of her mother as her reader, she found her voice as a writer.	**Resumen** Cisneros abre con una historia cómica sobre su primer intento de hacer tortillas. Compara esta tarea a hilar un cuarto lleno de paja en oro. Enumera otras cosas que ha hecho que no creía que podía hacer. Dice que en la paja del mundo hay riquezas en espera de alguien con la imaginación para hilarla en oro. En *For the Love of Books*, Dove dice que su amor por los libros comenzó en su niñez. Ella había leído todo, desde Shakespeare hasta ciencia ficción. Cuando su maestra de inglés del grado once la llevó a un firma de libros, Dove se dio cuenta de que los escritores eran personas reales. En *Mother Tongue*, Amy Tan habla de "todo los ingleses" como americana de ascendencia china. Cuando ella había comenzado a considerar a su madre como a su lectora, Amy encontró su voz de escritora.

Summarize Main Idea To follow the ideas of a nonfiction article, you should pause occasionally and summarize the main ideas you have read so far. For example, the paragraph below from "Straw Into Gold" can be summarized in one sentence:

> When I was living in an artists' colony in the south of France, some fellow Latin-Americans who taught at the university in Aix-en-Provence invited me to share a home-cooked meal with them. I had been living abroad almost a year then on an NEA grant, subsisting mainly on French bread and lentils while in France so that my money could last longer. So when the invitation to dinner arrived, I accepted without hesitation. Especially since they had promised Mexican food.

Main Idea: After I had been living in France for almost a year, I was invited to a home-cooked Mexican meal.

Supporting Details: in an artists' colony, invited by fellow Latin-Americans who were college teachers, had been eating mostly bread and lentils

Apply this strategy to other paragraphs from "Straw Into Gold," "For the Love of Books," and "Mother Tongue." Summarize each main idea and list some supporting details.

_____

_____

_____

_____

_____

_____

Name _____ Date _____

"The Rockpile" by James Baldwin (text page 1026)

Summary One Saturday in Harlem in the 1930's, two brothers, Roy and John, are sitting on the fire escape of their family's apartment. Their father, a preacher, is away for the morning. Their mother is sipping tea in the kitchen with a friend. John, the older boy, is responsible for watching Roy. Roy's friends ask him to join them on the rockpile, where fights regularly take place and where the brothers are forbidden to go. John cannot stop Roy from going. Roy says, "I be back in *five* minutes." As John looks on, Roy is injured in the gang fight on the rockpile. A stranger carries Roy home; he is bleeding from a wound near his eye. When their father comes home, he turns on his wife and stepson, John, for allowing this to happen. The parents argue as John looks on, silently.

Resumen: Un sábado, en el Harlem de los años 30, dos hermanos, Roy y John, están sentados en la escalera de incendio de su departamento. Su padre, un predicador, ha salido a la calle y su madre está tomando té en la cocina, con una amiga. John, el mayor, tiene que cuidar a Roy. Los amigos de Roy le piden que se les una en la pila de rocas, donde siempre hay peleas y adonde les prohibieron ir a los hermanos. John no puede impedir que Roy vaya allí. Roy dice "Vuelvo en *cinco* minutos". Bajo los propios ojos de John, hieren a Roy en una pelea. Un extraño lleva a Roy a casa, sangrando de una herida cerca de un ojo. Cuando el padre vuelve a casa, les reprocha a su esposa y a John que haya ocurrido esto. Los padres discuten mientras John los mira, en silencio.

Rephrase Characters' Speech Part of this story consists of dialogue between characters. Some of this dialogue might be hard to understand because it is written in dialect, a way of speaking that is unique to certain people and places. Choose a passage that uses dialect and rewrite it the way you would state it, using your own words and sentences. An example from the story has been started for you. Complete this example, and then find other examples to rewrite.

(1) You better stay where you is, boy. (2) You know Mama don't want you going downstairs.

(3) I be right *back*. (4) She won't even know I'm gone, less you run and tell her.

1. You better stay where you are. _____

2. _____
   _____
   _____

3. _____
   _____
   _____

4. _____
   _____
   _____

from *Hiroshima* by John Hersey (text page 1036)
"Losses" and **"The Death of the Ball Turret Gunner"**
by Randall Jarrell (text page 1044)

Summary This excerpt from *Hiroshima* tells of six people on the morning the atomic bomb was dropped in Hiroshima, Japan, on August 6, 1945. A hundred thousand people died, but these six survived. Hersey tells the story through their eyes, detailing their activities that morning. In "Losses," the speaker is a fighter pilot. When pilots died in training accidents, their deaths seemed an expected part of a familiar world. In combat, death was not an accident but a mistake. The crews bombed foreign cities they had only read about. They won medals if they survived and became statistics if they died. In "The Death of the Ball Turret Gunner," the speaker compares his position within the ball turret to a baby in the womb. He sees fighter planes shooting at him, and he dies in flames.

Resumen Este pasaje de *Hiroshima* cuenta la historia de seis personas en la mañana del 6 de agosto de 1945, cuando lanzaron la bomba atómica en Hiroshima, Japón. Cien mil personas murieron, pero estas seis sobrevivieron. Hersey cuenta este acontecimiento histórico a través de estas seis personas, detallando sus actividades esa mañana. En *Losses* el narrador es un piloto de caza. Cuando los pilotos morían en accidentes durante su entrenamiento, sus muertes parecían ser algo que se esperaba en el mundo en que vivían. Cuando morían en combate, la muerte no era un accidente, era un error. Las tripulaciones bombardeaban ciudades extranjeras que sólo conocían por lecturas. Si sobrevivían, recibían medallas, y si morían se convertían en estadísticas. En *The Death of the Ball Turret Gunner* el narrador compara su posición dentro de la torreta giratoria a un bebé en el vientre de su madre. Ve aviones cazas que le disparan, y muere en llamas.

Question Author's Purpose As you read a nonfiction work, you should ask yourself why the writer gives you the information the way he or she does. Make a record of this excerpt from *Hiroshima* by asking a question for each paragraph and writing an answer to your question. A sample question and answer for the first three paragraphs have been modeled below.

1. **Question:** Why does Hersey tell about what each person was doing at the exact moment the bomb fell?

   Answer: He wants the reader to know that the people in Hiroshima were real people with real lives, not just faceless enemies.

2. **Question:** Why is the Reverend Mr. Tanimoto so full of anxiety?

   Answer: He has heard that the Americans are saving something special for his city.

3. **Question:** Why is Mr. Tanimoto moving his things to the rayon manufacturer's house?

   Answer: He wants to protect them by getting them out of the probable target area.

   Continue writing questions and answers for the rest of the excerpt. Then write questions and answers for the two poems by Randall Jarrell.

_____

_____

"Mirror" by Sylvia Plath (text page 1050)
"In a Classroom" by Adrienne Rich (text page 1051)
"The Explorer" by Gwendolyn Brooks (text page 1052)
"Frederick Douglass" and **"Runagate Runagate"** by Robert Hayden (text page 1053)

Summary In "Mirror," the speaker is a woman's mirror. It states that it is "not cruel, only truthful." Like a lake, the mirror has drowned the young face of the aging woman, and now rising toward the woman is the face of her old age. In "In a Classroom," the speaker looks at a student, "a presence like a stone." "The Explorer" is about a character who is looking for "a still spot in the noise." He is afraid of all the choices he has. He can find no quiet rooms. "Frederick Douglass" remembers an important African American leader and hopes that Douglass's dream will someday be realized. In "Runagate Runagate," the point of view changes from that of one runaway slave, to that of an owner looking for a runaway slave, to that of Harriet Tubman, who guided slaves to freedom.

Resumen En *Mirror* un espejo dice que él "no es cruel, sólo veraz". Como un lago, el espejo ha ahogado la cara juvenil de la mujer que envejece, y ahora, la cara de su vejez está subiendo a la superficie, hacia la mujer. *In a Classroom* el narrador mira a un estudiante, "una presencia como de piedra". *The Explorer* trata de un personaje que busca "un lugar tranquilo en el ruido", pero teme todas las opciones que tiene. No puede hallar cuartos tranquilos. *Frederick Douglass* recuerda a un importante líder afroamericano y espera que, algún día, el sueño de Douglass se haga realidad. En *Runagate Runagate* cambian los puntos de vista, del de un esclavo escapado al de un dueño que persigue a un esclavo que huye, al de Harriet Tubman, quien guiaba a los esclavos hacia la libertad.

Interpret and Explain Poetry Poets often use images or word pictures to express ideas and feelings. To understand these images, you must first form a mental picture and then decide how each picture makes you feel. Some images from the poems have been listed below. Describe the picture that forms in your mind when you read each one, and then tell how it makes you feel. The first one has been modeled for you.

"Mirror"

1. Now I am a lake

   a shiny surface that reflects images—Makes me think of what might be under the water

"In a Classroom"

2. the slant of dust-motes over the table

"The Explorer"

3. A satin peace somewhere

"Frederick Douglass"

4. gaudy mumbo jumbo of politicians

"Runagate Runagate"

5. darkness thicketed with shapes of terror

Name _____ Date _____

"For My Children" by Colleen McElroy (text page 1060)
"Bidwell Ghost" by Louise Erdrich (text page 1062)

Summary In the first stanza of "For My Children," the speaker refers to the experiences of her ancestors in both the United States and Africa. Throughout the poem, she tells of her memories of the stories of her ancestors. She looks for connections between these stories and the realities of present-day life. As the poem closes, the speaker talks of the importance of "being and belonging"—the importance of preserving the African American cultural heritage. In "Bidwell Ghost," the speaker describes a ghost that "waits by the road." Twenty years earlier, the person had been killed when her house burned down. The speaker then goes on to describe how the ghost reaches out to the living and expresses its sense of loneliness and longing.

Resumen: Al comienzo de *For my Children*, la narradora habla de sus antepasados en Estados Unidos y en África. Cuenta de cómo recuerda las historias de sus antepasados y busca conexiones entre estas historias y las realidades de la vida actual. Al cerrar, habla de la importancia de "ser y pertenecer" —la importancia de conservar el patrimonio cultural afroamericano. En *Bidwell Ghost* la narradora describe al fantasma de una persona que "espera en el camino". Veinte años antes, la persona había muerto cuando se incendió su casa. La narradora continúa describiendo cómo el fantasma se acerca a los vivos y expresa su soledad y nostalgia del mundo de los vivos.

Identify Sensory Words Often, a poet uses sensory language to express ideas and feelings. This language helps readers imagine that they see, hear, feel, taste, and smell what the poet expresses.

Some of the sensory words in "For My Children" have been identified and classified in the chart. Look for additional sensory words in this poem, and record them in the proper columns. Remember that some words can appeal to more than one sense. When you are finished with "For My Children," repeat the procedure for "Bidwell Ghost."

Sight	Sound	Touch	Smell	Taste
shackles	shackles	shackles	honey	honey
honey				
ebony				

"The Writer in the Family" by E. L. Doctorow (text page 1068)

Summary When the narrator's father dies, his ninety-year-old grandmother is still alive in a nursing home. The family does not want to tell their grandmother, thinking the shock would kill her. They make up a story that her son has moved to Arizona with his wife and children. When the grandmother wonders why she hasn't heard from her son in Arizona, the narrator is asked to write letters as if they are from his father. One of the aunts will read the letters to her aged mother. The narrator writes a few letters, but he does not feel right about it. In the months following his father's death, he learns to understand his father better. His final letter to the grandmother does not please Aunt Frances. She returns it angrily, without having read it to the grandmother.

Resumen Cuando el padre del narrador muere, su abuela, de noventa años, está todavía viva en una residencia para ancianos. La familia no le quiere decir de la muerte de su hijo, por temor que la noticia pudiera matarla. Le dicen que su hijo se ha mudado a Arizona con su esposa e hijos. Cuando la anciana se pregunta por qué no tiene noticias de su hijo, le piden al narrador que le envíe cartas como si las hubiera escrito su padre. Una de sus tías se las leerá a la anciana. El narrador escribe unas pocas cartas, pero no se siente bien haciéndolo. En los meses después de la muerte de su padre, el narrador comienza a entenderlo mejor. Su última carta a su abuela no le agrada a su tía Frances, quien se la devuelve enojada, sin habérsela leído a la abuela.

Respond to Characters' Actions Read "The Writer in the Family" with a partner, a paragraph at a time. As you read, make a character analysis chart like the one below. The first entry has been done as an example.

Character	Character's Action	Reasons for Character's Action
aunts	tell grandmother that narrator's father had moved to Arizona	to avoid shocking her by saying he has died

"Camouflaging the Chimera" by Yusef Komunyakaa (text page 1080)
"Ambush" from ***The Things They Carried*** by Tim O'Brien (text page 1082)

Summary In "Camouflaging the Chimera," the poet describes his experiences in Vietnam during the war. He tells how soldiers used branches, mud, and grass to camouflage themselves. He relates his memories of being in combat. In "Ambush," the narrator tells the story of how he killed a "short, slender young man of about twenty" during the Vietnam War. It was dawn, and the light was just beginning to break through the fog. Suddenly, a young man came out of the fog, moving without any hurry. Even though there was "no real peril," the narrator threw a grenade at him. To this day, he hasn't finished sorting it out in his mind. He could have let the man go on. "Almost certainly," he would have passed by. Sometimes the narrator forgives himself. Other times, he doesn't.

Resumen En *Camouflaging the Chimera* el poeta describe sus experiencias en Vietnam. Cuenta cómo los soldados usaban ramas, barro y pasto como camuflaje en combate. En *Ambush*, el narrador nos cuenta de cuando mató a "un hombre joven delgado y bajo, de unos veinte años" durante la guerra. Ocurrió al alba, cuando la luz empezaba a filtrarse entre la niebla. De repente, un hombre joven salió de entre la niebla, caminando sin prisa. Aunque el joven no representaba "un peligro real", el narrador le arrojó una granada. Hasta el día de hoy, sigue pensando sobre todo esto. Podría haber dejado pasar al hombre. "Casi seguramente" el joven hubiera seguido sin darse cuenta de la presencia del narrador. Éste a veces se perdona por lo que hizo, a veces no.

Form a Mental Picture One way to understand what an author describes is to form a picture in your mind's eye. Listen to the audiocassette recording of "Ambush" as you read along. Picture each scene as you listen. Use this page to jot down notes to describe what you picture in your mind. Then work with a partner to draw sketches of what O'Brien describes in each of the following scenes. When you are finished, follow the same procedure for "Camouflaging the Chimera." Choose a few scenes of your own to sketch.

1. the author answering his nine-year-old daughter's questions about the war

2. the author staying awake for the final watch while his partner sleeps

3. the young man coming out of the fog

4. the author's reaction to seeing the young man

5. what the author imagines would have happened if he had not thrown the grenade

_____

_____

_____

_____

_____

_____

_____

_____

The Crucible, Act I, by Arthur Miller (text page 1089)

Summary It is 1692 in Salem, Massachusetts. The Reverend Parris is praying for his daughter Betty, who is ill. He says he saw his niece Abigail and Betty dancing in the woods. He asks Abby why no one will hire her as a mother's helper since Mrs. Proctor fired her. John Proctor enters. He sends Mary back to his farm, where she works. Parris and all the girls but Abby leave. Abby wants to resume a love affair with Proctor, but he refuses. Betty begins to wail. Others rush in, including kindly Rebecca Nurse, who calms Betty. Reverend Hale, an expert in witchcraft, enters. He questions Abby, and she shifts the blame to Tituba. Frightened, Tituba says that she saw Sarah Good and Goody Osburn with the Devil. Abby cries out other names, and soon all the girls are crying out names.

Resumen Es el año 1692, en Salem, Massachussetts, el reverendo Parris reza por su hija Betty, que está enferma. Él dice que vio a su sobrina Abigail bailando con Betty en el bosque y le pregunta a Betty por qué nadie la quiere emplear desde que la Mrs. Proctor la despidió. John Proctor entra. Parris y todas las muchachas, menos Abby, se van. Abby quiere reiniciar una relación amorosa con Proctor, pero él se niega. Betty comienza a gemir y otras personas entran, entre ellas la bondadosa Rebecca Nurse, quien calma a Betty. El reverendo Hale, un experto en brujería, entra e interroga a Abby, quien acusa a Tituba. Asustada, Tituba dice que vio a Sarah Good y a Goody Osburn con el Diablo. Abby grita otros nombres, y pronto todas las muchachas comienzan a hacer lo mismo.

Make a Character Chart You understand characters by what they say, what they do, and what others say about them. Listen to the audiocassette recording of Act I as you follow along in your text. Listen for what the characters do and say. Listen for what others say about them. With a partner, complete a character chart like the following.

Character	Does	Says	What others say
Tituba			
Reverend Parris			
Abigail Williams			
Susanna Walcott			
Mrs. Ann Putnam			
Mercy Lewis			
Mary Warren			
John Proctor			
Rebecca Nurse			
Giles Corey			
Reverend John Hale			
Betty Parris			

Name _____   Date _____

The Crucible, Act II, by Arthur Miller (text page 1114)

Summary Act II opens in the Proctor home, eight days later. Elizabeth says fourteen people have been arrested, based on what Abigail and the other girls said. She urges John to testify that the girls are frauds. They quarrel over his previous affair with Abigail. Mary, back from court, gives Elizabeth a small doll. Mary says those who confess will not be hanged. She says that Elizabeth's name has been mentioned. Elizabeth says she is sure that Abigail wants her dead. Hale appears at the door. To test John, Hale asks him to list the Ten Commandments. Ironically, John forgets the one about adultery. Then two men burst in. They say their wives have been arrested. The marshall arrives and arrests Elizabeth. Over John's protests, she is taken away in chains

Resumen En casa de los Proctor, ocho días después, Elizabeth dice que hay catorce arrestados por lo que dijeron Abigail y otras muchachas. Ella urge a John a testificar que las jóvenes no dicen la verdad. Los dos pelean sobre la pasada relación amorosa entre John y Abigail. Mary, de regreso de tribunales, le dice a Elizabeth que los que confiesen no serán colgados y que se mencionó el nombre de Elizabeth. Ésta dice que está segura que Abigail la quiere muerta. Hale aparece en la puerta y, para probar a John, le pide que diga los Diez Mandamientos. Irónicamente, John se olvida el que habla de adulterio. Luego, dos hombres irrumpen en la casa y dicen que sus esposas fueron arrestadas. Llega el *marshall* y arresta a Elizabeth. A pesar de las protestas de John, se la llevan encadenada.

Paraphrase Dialogue One way to understand the dialogue in a play is to paraphrase, or reword it. Choose some dialogue from the play that you find especially difficult to understand. Restate it in your own words. Use the example as a guide.

Example:

Elizabeth: I do not judge you. The magistrate sits in your heart that judges you. I never thought you but a good man, John—only somewhat bewildered.

Paraphrase: I do not judge you. You judge yourself. I always thought you were a good man, John—just a bit confused.

Sentence 1:_____

_____

Paraphrase: _____

_____

Sentence 2:_____

_____

Paraphrase: _____

_____

Sentence 3:_____

_____

Paraphrase: _____

_____

The Crucible, Act III, by Arthur Miller (text page 1132)

Summary Act III opens with Giles Corey pleading for his wife's life. Francis Nurse says the girls are frauds. Danforth tries to scare the men by saying he has jailed almost 400 people and sentenced seventy-two to hang. Proctor leads in a terrified Mary, who admits she never saw any spirits. Danforth tells John that Elizabeth is pregnant and will not be executed until after the baby is born. Abigail swears that Mary is lying. To stop Abigail, John admits his infidelity. Elizabeth is brought in to back up John's claim. Yet she lies about John's affair with Abigail, so John is not believed. Echoed by the girls, Abigail begins pretending that Mary's spirit is bewitching her. Mary hysterically takes back her confession. John is arrested. Hale quits the court.

Resumen El tercer acto comienza con Giles Corey rogando por la vida de su mujer. Francis Nurse dice que las muchachas mienten. Danforth dice que él ha arrestado a casi 400 personas y sentenciado a morir a setenta y dos. Proctor llega con Mary, que está aterrorizada y que admite no haber visto espíritus. Danforth le dice a John que Elizabeth está embarazada y no será ejecutada hasta después del nacimiento de su niño. Abigail jura que Mary miente. Para detener a Abigail, John admite su adulterio, pero cuando traen a Elizabeth, ella miente sobre la relación de John con Abigail, por lo que no creen lo que John ha dicho. Respaldada por las jóvenes, Abigail comienza a fingir que el espíritu de Mary la está embrujando. Mary, histéricamente, niega su confesión, John es arrestado y Hale deja el tribunal.

Use a Story Map Organizer Think about the events of the play that have happened before Act III opens. Use a Story Map to record the events that have built the plot so far. For example, you might include the following events: Reverend Parris praying over his daughter Betty, Abigail's conversation with John Proctor, the girls crying out names, John's conversation with Elizabeth about Abigail, Mary giving a doll to Elizabeth and talking about what went on in court, Elizabeth's arrest. Then add other events as you read Act III. Continue this Story Map as you read Act IV. Decide which event should be considered the climax, or high point, of the plot. Compare your Story map with those of your classmates and discuss the differences between them.

Setting:
> Place: Salem, Massachusetts
> Time: 1692

Problem:

Event 1: The Reverend John Parris prays over his daughter Betty, who is ill.

Event 2: _____

Event 3: _____

Event 4: _____

Event 5: _____

Climax
(Turning Point)

The Crucible, Act IV, by Arthur Miller (text page 1154)

Summary Act IV opens in the Salem jail. Danforth and Hathorne enter. Parris enters and tells the judges that Abigail and Mercy Lewis have stolen his money and run away. Parris, hoping that John or Rebecca will confess, asks for a postponement of their hangings. Danforth refuses. Hale enters to ask Danforth to pardon the condemned. Elizabeth is brought in. Hale asks her to urge John to confess. John is brought in and the couple is left alone. They express their love, but Elizabeth refuses to advise John about whether he should confess. John decides to confess but refuses to name others. He signs the confession but will not give it to Danforth. In a fury, he rips the paper, crying that he will not destroy his good name. He is taken away to be hanged.

Resumen: El cuarto acto comienza en la cárcel de Salem. Danforth y Hathorne entran. Parris entra y dice a los jueces que Abigail y Mercy Lewis le han robado su dinero y se han escapado. Parris, con la esperanza de que John o Rebecca confiesen, pide que se pospongan sus ejecuciones. Danforth se rehusa a hacerlo. Entra Hale y pide a Danforth que perdone a los condenados. Traen a Elizabeth. Hale urge a John a que confiese. Traen a John y dejan a la pareja solos. Ellos se expresan su amor, pero Elizabeth se rehusa a decir a John que él debe confesar. John decide confesar pero se rehusa a dar otros nombres. Firma su confesión, pero no se la quiere dar a Danforth. Enfurecido, rompe el papel, diciendo que no destruirá su buen nombre. Se llevan a John para colgarlo.

Prepare a Reader's Theater Plays are written to be performed. Reading a play aloud is more rewarding than reading it silently. Plan a Readers' Theater presentation of this play. Assign roles to different members of your group. Practice reading your parts as a group. When you have practiced, present your Readers' Theater to the class or record it to play for the class. Then ask your classmates to evaluate your performance. Your teacher may ask that the evaluations be made using the Peer Assessment: Dramatic Performance sheet in the *Alternative Assessment* booklet, page 135.

Use the lines below to assign roles and to jot down ideas about your performance.

_____

_____

_____

_____

_____

_____

_____

_____

_____

_____

_____

_____

Authentic Spanish Language Literature

Quetzal no muere nunca

Quetzal era un valiente muchacho, hijo del poderoso cacique de una tribu quiché.[1] Era admirado y querido por todos. Esperaban de él grandes hazañas, pues desde el día de su nacimiento habían notado en Quetzal muchas señales de predestinación.

Cuando el joven llegó a la mayoría de edad y pudo participar en todos los asuntos de los guerreros quichés, se reunió la tribu en un gran claro del bosque para celebrar la ocasión. Primero los músicos tocaron los tambores, después las flautas y más tarde la marimba. Entonces llegó el momento tan esperado cuando se daría a conocer el destino de Quetzal.

En medio de un silencio expectante, el adivino más anciano se levantó de su asiento bajo el árbol de color coral. Lentamente y con dignidad, arrojó a su alrededor con sabia mano los granos coralinos. Los estudió por unos momentos, algo perplejo y lleno de admiración. Al fin anunció claro y firme:

—Tu destino está decidido, Quetzal. No has de morir nunca. Vivirás eternamente a través de generaciones de quichés.

Todas las personas reunidas se quedaron perplejas ante aquella profecía, y la admiración y el entusiasmo que tenían por Quetzal aumentaron.

Pero no toda la tribu amaba al muchacho. Había una persona a quien los éxitos de Quetzal le molestaban. Era Chiruma, el hermano del cacique.

Chiruma era casi tan joven como Quetzal y había soñado toda su vida con ser cacique. Pero ahora, después de escuchar la profecía del adivino, ¿cómo podría él realizar su ambición? Era indudable que Quetzal, admirado por todos y considerado casi un dios, sería el jefe de la tribu al morir su padre.

Poco después de la ceremonia en honor de Quetzal, él y los otros jóvenes de su edad participaron en una lucha contra un enemigo del sur. Chiruma aprovechó esta ocasión para no perder de vista a Quetzal. Estaba <u>perplejo</u> al notar que las

> Considera el **contexto cultural** de este relato, para entender por qué las tradiciones que se relatan son tan importantes para esa cultura.

> En base a la información que el relato ha presentado hasta ahora y a tu conocimiento de otras leyendas similares, trata de **predecir** lo que le sucederá a Quetzal.

---

1. quiché *s.:* grupo étnico indígena centroamericano, de origen maya

◆**Amplía tu vocabulario**
perplejo *adj.:* confundido, dudoso

flechas que rodeaban al joven nunca lo herían. ¿Sería cierta la profecía que el adivino había hecho? Pero no, ¡aquello era imposible! ¿Cómo iba a vivir Quetzal a través de generaciones?

De pronto, Chiruma tuvo una idea.

—Ya sé —pensó—. Ya sé por qué la muerte respeta a Quetzal. Tiene algún <u>amuleto</u> poderoso que lo protege y yo voy a robárselo cuando esté durmiendo.

Esa misma noche cuando Quetzal dormía profundamente sobre su estera,[2] Chiruma se acercó a él con paso silencioso. Miró sobre su pecho. El amuleto no estaba allí. Iba ya a irse cuando vio a la cabeza de la estera donde dormía el joven una pluma de colibrí. Chiruma no dudó ni por un momento de que aquello era lo que buscaba. Con todo el cuidado posible sacó la brillante pluma mientras sonreía de felicidad.

Entonces recordó lo que había dicho el adivino cuando nació Quetzal: que el colibrí era el símbolo de la buena suerte del niño.

Pasó algún tiempo y murió el cacique. Inmediatamente los ancianos eligieron a Quetzal para ser el nuevo jefe.

Chiruma, por supuesto, no dio ninguna seña de su enojo. Estaba seguro de que muy pronto el nuevo cacique sin su amuleto poderoso podría ser vencido.

Cierta tarde, Quetzal, el nuevo cacique, paseaba solitario por el bosque, armado de su arco y sus flechas. De súbito un colibrí hermoso descendió de un árbol y sin miedo se posó sobre su hombro.

—Escúchame, Quetzal. Soy tu protector y vengo a prevenirte de que la muerte te persigue. Guárdate[3] de cierto hombre.

—¿De cuál hombre he de guardarme, hermoso colibrí? —preguntó el joven.

Pero el pájaro no pronunció ni una palabra más. Después de

> **Imagina la acción** que este párrafo describe, y el diálogo entre Quetzal y el colibrí que sigue. ¿Cómo es la voz del colibrí? ¿Es una voz humana?

---

2. estera *s.:* tejido de juncos o palma, que sirve para cubrir el suelo

3. guardarse: protegerse, precaverse de un riesgo

◆**Amplía tu vocabulario**
amuleto *adj.:* objeto que, se cree, aleja el mal o propicia el bien

mirar unos instantes a Quetzal, <u>emprendió</u> el vuelo y desapareció.

El joven, con una seña de incomprensión continuó su camino. De pronto un agudo silbido llegó hasta él y una flecha quedó clavada en su pecho. Cayó sobre la hierba verde y cerró los ojos dispuesto a morir.

Pero los dioses habían predicho su inmortalidad y Quetzal quedó convertido en un hermoso pájaro. Su cuerpo tomó el color verde de la hierba sobre la que había caído y su pecho conservó el color de la sangre. El sol dorado de la tarde puso en su larga cola una gran variedad de colores.

Por muchos siglos se ha considerado al Quetzal como pájaro sagrado y aún hoy día no se permite cazarlo. Guatemala ha honrado a este pájaro bello, colocando su imagen en el escudo nacional de armas. También la moneda de este país se llama quetzal.

Así como lo predijo el adivino, y como lo quisieron los dioses, el joven y valiente cacique vive y vivirá para siempre en el país de los maya-quiché.

> Aunque el relato no lo establece, no es difícil **inferir** de las manos de quién salió la flecha que hirió a Quetzal.

Amplía tu vocabulario
emprender *v.*: empezar, comenzar

Para responder

Verifica tu comprensión

1. ¿Cuándo pudo Quetzal empezar a participar en todos los asuntos de los guerreros quiché?

2. ¿Qué predijo el adivino más anciano de la tribu?

3. ¿Por qué le molestaban a Chiruma los éxitos de Quetzal?

4. ¿Cuál era el símbolo de la buena suerte de Quetzal?

5. ¿En qué forma pasó Quetzal a la immortalidad?

Pensamiento crítico

Interpreta

1. ¿Qué busca explicar este relato o leyenda? **[Interpreta]**

2. ¿Que puedes inferir sobre la relación entre Quetzal y Chiruma, en base al relato? **[Haz inferencias]**

3. ¿Qué evidencia sugiere que Chiruma es el asesino de Quetzal? **[Respalda]**

Evalúa

4. ¿Qué opinas de la relativa facilidad con que Chiruma se deshace de Quetzal? **[Haz un juicio]**

Aplica

5. ¿Qué otros animales conoces que sean el símbolo de un país? **[Aplica]**

Camino de imperfección.
Diario de mi vida
Rufino Blanco Fombona

> Rufino Blanco Fombona (1874–1944) Escritor, historiador y crítico literario venezolano. Representante del modernismo cuya obra poética y narrativa es considerada como una de las más altas expresiones de esa corriente literaria. Falleció en Buenos Aires, Argentina. Entre sus obras más importantes: *Cuentos americanos* (1904) y *El hombre de hierro* (1907).

1906. Caracas

2 de abril. Quisiera, al morir, poder inspirar una pequeña necrología,[1] por el estilo de la siguiente:

La motivación del autor para escribir la necrología parece ser su deseo a inspirar una igual al morir.

Este hombre, como amado de los dioses, murió joven. Supo querer y odiar con todo su corazón. Amó campos, ríos, fuentes; amó el buen vino, el mármol, el acero, el oro; amó las núbiles[2] mujeres y los bellos versos. Despreció a los timoratos, a los presuntuosos y a los mediocres. Odió a los pérfidos, a los hipócritas, a los calumniadores, a los venales, a los eunucos y a los serviles. Se contentó con jamás leer a los fabricantes de literatura tonta. En medio de su injusticia, era justo. Prodigó aplausos a quien creyó que los merecía; admiraba a cuantos reconoció por superiores a él, y tuvo en estima a sus pares. Aunque a menudo celebró el triunfo de la garra y el <u>ímpetu</u> del ala, tuvo piedad del infortunio hasta en los tigres. No atacó sino a los fuertes. Tuvo ideales y luchó y se sacrificó por ellos. Llevó el desinterés hasta el ridículo. Sólo una cosa nunca dio: consejos. Ni en sus horas más tétricas[3] le faltaron de cerca o de lejos la voz amiga y el corazón de alguna mujer. No se sabe si fue moral o inmoral o amoral. Pero él se tuvo por moralista, a su modo. Puso la verdad y la belleza —su belleza y su verdad— por encima de todo. Gozó y sufrió mucho espiritual y físicamente. Conoció el mundo todo y deseaba que todo el mundo lo conociera a él. Ni imperatorista[4] ni acrático,[5] pensaba que la inteligencia y la tolerancia debían gobernar los pueblos; y que debía ejercerse un maximum de justicia social; sin privilegio de clases ni de personas. Cuanto al arte, creyó siempre que se podía y debía ser original, sin olvidarse del *nihil novum sub sole*.[6] Su vivir fue ilógico. Su pensar fue contradictorio. Lo único <u>perenne</u> que tuvo parece ser la sinceridad, ya en la emoción, ya en el juicio. Jamás la mentira <u>mancilló</u> ni sus labios ni su pluma. No le temió nunca a la verdad ni a las consecuencias que acarrea. Por eso afrontó puñales homicidas; por eso sufrió cárceles largas y larguísimos destierros. Predicó la libertad con el ejemplo: fue libre. Era un alma del siglo XVI y un hombre del siglo XX. Descanse, en paz, por la primera vez. La tierra, que amó, le sea propicia.

De las líneas 7 a 10 **puedes inferir** que al hombre le gustaban tanto las riquezas como la naturaleza.

Se **interpreta** a los "fabricantes de literatura tonta" como aquellos escritores que no estaban a la misma altura de los escritores clásicos de la época.

Con la frase "su belleza y su verdad", el autor da su opinión de cómo veía el hombre las cosas.

El autor **describe** al hombre y saca conclusiones de cómo era.

El autor hace referencia a dos épocas históricas, el siglo XVI y el siglo XX, para **definir** al hombre.

---

1. **necrología** *s.:* biografía de una persona muerta
2. **núbil** *adj.:* que está en condición de casarse
3. **tétrico** *adj.:* triste, deprimente
4. **imperatorista** *adj.:* del título romano imperator
5. **acrático** *adj.:* relativo al ácrata o anarquista
6. *nihil novum sub sole:* Expresión en latín que significa "nada nuevo bajo el sol".

◆**Amplía tu vocabulario**
ímpetu *s.:* gran intensidad o fuerza de un movimiento
perenne *adj.:* que dura indefinidamente o durante un tiempo muy largo
mancillar *v.:* deshonrar

Para responder

Verifica tu comprensión

1. ¿Por qué el autor hace la necrología de un hombre en su diario?

2. ¿Por qué dice que el hombre era justo en medio de su injusticia?

3. ¿Qué cosas nunca dio el hombre?

4. ¿Qué consecuencias acarreó por no haber tenido nunca miedo a la verdad?

Pensamiento crítico

Interpreta

1. ¿Por qué dice el autor que el hombre era como amado por los dioses? **[Interpreta]**

2. Lee nuevamente las líneas 7 a 10 y describe con tus propias palabras cómo era el hombre. **[Analiza]**

3. ¿Qué sugiere el autor con la cita de Salomón, nihil novum sub sole (nada nuevo bajo el sol)? **[Interpreta]**

Aplica

4. Compara al hombre de la necrología con un hombre del siglo XX. ¿En qué se parecen y en qué se diferencian? **[Compara y contrasta]**

La diosa tecnología no habla español
Eduardo Galeano

> Eduardo Galeano (1940) Autor uruguayo más destacado de este siglo que inició su carrera de escritor en el periodismo. Vivió en el exilio en Argentina y España hasta 1985. Su vasta producción literaria, que ha sido traducida a más de veinte idiomas, incluye influyentes obras como *Las venas abiertas de América Latina*, *Días y noches de amor y de guerra*, *La canción de nosotros*, *Las aventuras de los jóvenes dioses*, *Las palabras andantes* y *El fútbol a sol y sombra*.

Wright Patman, el conocido parlamentario norteamericano, considera que el cinco por ciento de las acciones de una gran corporación puede resultar suficiente, en muchos casos, para su control liso y llano por parte de un individuo, una familia o un grupo económico. Si un cinco por ciento basta para la hegemonía en el seno de las empresas todopoderosas de los Estados Unidos, ¿qué porcentaje de acciones se requiere para dominar una empresa latinoamericana? En realidad, alcanza incluso con menos: las sociedades *mixtas*,[1] que constituyen uno de los pocos orgullos todavía accesibles a la burguesía latinoamericana, simplemente decoran el poder extranjero con la participación nacional de capitales que pueden ser mayoritarios, pero nunca decisivos frente a la fortaleza de los cónyuges[2] de fuera. A menudo, es el Estado mismo quien se asocia a la empresa imperialista, que de este modo obtiene, ya convertida en empresa *nacional*, todas las garantías deseables y un clima general de cooperación y hasta de cariño. La participación "minoritaria" de los capitales extranjeros se justifica, por lo general, en nombre de las necesarias transferencias de técnicas y patentes. La burguesía latino-americana, burguesía de mercaderes sin sentido creador, atada por el cordón umbilical al poder de la tierra, se hinca ante los altares de la diosa Tecnología. *Si se tomaran en cuenta, como una prueba de desnacionalización, las acciones en poder extranjero, aunque sean pocas, y la dependencia tecnológica, que muy rara vez es poca, ¿cuántas fábricas podrían ser consideradas realmente nacionales en América Latina?*

En México, por ejemplo, es frecuente que los propietarios extranjeros de la tecnología *exijan una parte del paquete accionario de las empresas, además de decisivos controles técnicos y administrativos y de la obligación de vender la producción a determinados intermediarios también extranjeros, y de importar la maquinaria y otros bienes desde sus casas*

> El tono irónico del título de esta selección te da una idea de cuál es la **tendencia y motivación del autor:** criticar la incompatibilidad entre la tecnología de los países desarrollados y las necesidades de las naciones latinoamericanas.

> Las ideas discutidas en este párrafo te permiten **inferir** que el autor piensa que los propietarios extranjeros de tecnología abusan del control que tienen sobre ésta, y que los países de América Latina se deben oponer a este abuso.

---

1. **sociedad mixta** *s.*: empresa donde el capital es en parte nacional y en parte extranjero
2. **cónyuge** *s.*: compañero

◆**Amplía tu vocabulario**
hegemonía *s.*: poder dominador
hincarse *v.*: arrodillarse

matrices,[3] a cambio de los contratos de transmisión de patentes o *know-how*. No sólo en México. Resulta ilustrativo que los países del llamado Grupo Andino (Bolivia, Colombia, Chile, Ecuador y Perú) hayan elaborado un proyecto para un régimen común de tratamiento de los capitales extranjeros en el área, que hace hincapié en el rechazo de los contratos de transferencia de tecnología que contengan condiciones como éstas. El proyecto propone a los países que se nieguen a aceptar, además, que las empresas extranjeras dueñas de las patentes *fijen los precios de los productos con ellas elaborados o que prohíban su exportación a determinados países.*

El primer sistema de patentes para proteger la propiedad de las invenciones fue creado, hace casi cuatro siglos, por sir Francis Bacon. A Bacon le gustaba decir: "El conocimiento es poder", y desde entonces se supo que no le faltaba razón. La ciencia universal poco tiene de universal; está objetivamente confinada tras los límites de las naciones avanzadas. América Latina no aplica en su propio beneficio los resultados de la investigación científica, *por la sencilla razón de que no tiene ninguna, y en consecuencia se condena a padecer la tecnología de los poderosos, que castiga y desplaza a las materias primas naturales. América Latina ha sido hasta ahora incapaz de crear una tecnología propia para sustentar y defender su propio desarrollo.* El mero trasplante de la tecnología de los países adelantados no sólo implica la subordinación cultural y, en definitiva, también la subordinación económica, sino que, además, después de cuatro siglos y medio de experiencia en la multiplicación de los oasis de modernismo importado en medio de los desiertos del atraso y de la ignorancia, bien puede afirmarse que tampoco resuelve ninguno de los problemas del subdesarrollo. Esta vasta región de analfabetos invierte en investigaciones tecnológicas una suma doscientas veces menor que la que los Estados Unidos destinan a esos fines. Hay menos de mil computadoras en América Latina y cincuenta mil en Estados Unidos, en 1970. Es en el norte, por supuesto, donde se diseñan los modelos electrónicos y se crean los lenguajes de programación que América Latina importa. El subdesarrollo latinoamericano no es un tramo en el camino del desarrollo, aunque se "modernicen" sus deformidades; la región progresa sin liberarse de la estructura de su atraso y de nada vale, señala Manuel Sadosky, la *ventaja* de no participar en el progreso con programas y objetivos

> **Evalúa** esta afirmación: "El mero trasplante de la tecnología de los países adelantados [...] tampoco resuelve ninguno de los problemas del subdesarrollo". ¿Crees que el autor es objetivo al afirmar algo así?

---

3. **casa matriz** *s.*: principal generadora

◆**Amplía tu vocabulario**
hincapié *s.*: insistencia
tramo *s.*: parte, sección

propios. Los símbolos de la prosperidad son los símbolos de la dependencia. Se recibe la tecnología moderna como en el siglo pasado se recibieron los ferrocarriles, al servicio de los intereses extranjeros que modelan y remodelan el estatuto colonial de estos países. "Nos ocurre lo que a un reloj que se atrasa y no es arreglado —dice Sadosky—. Aunque sus manecillas sigan andando hacia adelante, la diferencia entre la hora que marque y la hora verdadera será creciente."

Saca una conclusión sobre lo discutido en este ensayo. ¿Qué deben hacer, según el autor, los países latinoamericanos para alcanzar el desarrollo?

Para responder

Verifica tu comprensión

1. ¿Cuál es la justificación que se usa para permitir que los capitales extranjeros participen en las empresas latinoamericanas?

2. ¿Qué exigen comúnmente los propietarios extranjeros de la tecnología a cambio de los contratos de trasmisión de patentes?

3. ¿Qué implica para América Latina, según el autor, el mero transplante de la tecnología de los países adelantados?

4. Según Galeano, ¿qué son en realidad los símbolos de la prosperidad en América Latina?

Pensamiento crítico

Interpreta

1. ¿Qué quiere decir el autor cuando afirma que "la ciencia universal poco tiene de universal"? **[Interpreta]**

2. ¿Por qué es un problema para América Latina que en el norte se diseñen los modelos electrónicos y los lenguajes de programación que ella importa? **[Infiere]**

3. ¿Por qué es importante para los países latino americanos crear una tecnología propia? **[Saca una conclusión]**

Evalúa

4. ¿Crees que Galeano analiza objetivamente el problema del atraso tecnológico en América Latina? Explica tu respuesta. **[Haz un juicio]**

Aplica

5. ¿Qué crees tú que deben hacer los países latinoamericanos para solucionar su atraso tecnológico? **[Aplica]**

El terremoto de Charleston
José Martí

José Martí (1853–1995) Escritor y periodista cubano, gran inspirador de la independencia de su país. Deportado de Cuba, tomó refugio en España y luego en Nueva York, donde fundó el Partido Revolucionario. Al regresar a Cuba en 1895, estalló la guerra y murió en combate en la provincia de Oriente. Su obra poética incluye *Ismaelillo, Versos libres, Versos sencillos;* su única novela se titula *Amistad funesta.*

Un terremoto ha destrozado la ciudad de Charleston. Ruina es hoy lo que ayer era flor, y por un lado se miraba en el agua arenosa de sus ríos, surgiendo entre ellos como un cesto de frutas, y por el otro se extendía a lo interior en pueblos lindos, rodeados de bosques de magnolias, y de naranjos y jardines.

Los blancos vencidos y los negros bien hallados viven allí después de la guerra en lánguida concordia; allí no se caen las hojas de los árboles; allí se mira al mar desde los colgadizos[1] vestidos de enredaderas; allí, a la boca del Atlántico, se levanta casi oculto por la arena el fuerte Sumter, en cuyos muros rebotó la bala que llamó al fin a guerra al Sur y al Norte; allí recibieron con bondad a los viajeros infortunados de la barca Puig.

Las calles van derechas a los dos ríos; borda la población una alameda que se levanta sobre el agua; hay un pueblo de buques en los muelles, cargando algodón para Europa y la India; en la calle King se comercia; la de Meeting ostenta hoteles ricos; viven los negros parleros[2] y apretados en un barrio populoso; y el resto de la ciudad es de residencias bellas, no fabricadas hombro a hombro como estas casas impúdicas y esclavas de las ciudades frías del Norte, sino con ese noble apartamiento que ayuda tanto a la poesía y decoro de la vida. Cada casita tiene sus rosales, y su patio en cuadro lleno de hierba y girasoles y sus naranjos a la puerta.

Se destacan sobre las paredes blancas las alfombras y ornamentos de colores alegres que en la mañana tienden en la baranda del colgadizo alto las negras risueñas, cubierta la cabeza con el pañuelo azul o rojo; el polvo de la derrota veía en otros lugares el color crudo del ladrillo de las moradas opulentas. Se vive con valor en el alma y con luz en la mente en aquel pueblo apacible de ojos negros.

¡Y hoy los ferrocarriles que llegan a sus puertas se detienen

Authentic Spanish Selection for Unit 4: Division Reconciliation, and Expansion (1850–1914)

> Al hacer mención a la guerra entre el Sur y el Norte, el relato busca citar como referencia los **conocimientos previos**.

---

1. **colgadizos** *s.*: sitios destinados a colgar cosas
2. **parleros** *adj.*: habladores

a medio camino sobre sus rieles torcidos, hundidos, levantados; las torres están por tierra; la población ha pasado una semana de rodillas; los negros y sus antiguos señores han dormido bajo la misma lona, y comido del mismo pan, de lástima, frente a las ruinas de sus casa, a las paredes caídas, a las rejas lanzadas de su base de piedra, a las columnas rotas!

Los cincuenta mil habitantes de Charleston, sorprendidos en las primeras horas de la noche por el temblor de tierra que sacudió como nidos de paja sus hogares, viven aún en las calles y en las plazas, en carros, bajo tiendas, bajo casuchas cubiertas con sus propias ropas.

Ocho millones de pesos rodaron en polvo en veinticinco segundos. Sesenta han muerto: unos, aplastados por las paredes que caían; otros, de espanto. Y en la misma hora tremenda, muchos niños vinieron a la vida.

Estas desdichas que arrancan de las entrañas de la tierra, hay que verlas desde lo alto de los cielos. De allí los terremotos, con todo su espantable arreo de dolores humanos, no son más que el ajuste del suelo visible sobre sus entrañas encogidas, indispensable para el equilibrio de la creación; ¡con toda la majestad de sus pesares, con todo el empuje de olas de su juicio, con todo ese universo de alas que le golpea de adentro el cráneo, no es el hombre más que una de esas burbujas resplandecientes que danzan a tumbos ciegos en un rayo de sol! ¡pobre guerrero del aire, recamado[3] de oro, siempre lanzado a tierra por un enemigo que no ve, siempre levantándose aturdido del golpe, pronto a la nueva pelea, sin que sus manos le basten nunca a apartar los torrentes de la propia sangre que le cubren los ojos!

¡Pero siente que sube como la burbuja por el rayo de sol; pero siente en su seno todos los goces y luces, y todas las tempestades y padecimientos de la naturaleza que ayuda a levantar!

Toda esta majestad rodó por tierra en la hora de horror del terremoto en Charleston.

Serían las diez de la noche. Como abejas de oro trabajaban sobre sus cajas de imprimir los buenos hermanos que hacen los periódicos; ponía fin a sus rezos en las iglesias la gente devota, que en Charleston, como país de poca ciencia e

> Seguramente la gente del relato **se cuestiona** el por qué del terremoto.

> Puedes **clarificar** la información que se da sobre la raza negra, investigando en bibliotecas y otros centros de información.

---

3. **recamado** *adj.:* bordado

imaginación ardiente, es mucha; las puertas se cerraban, y al amor o al reposo pedían fuerzas los que habían de reñir al otro día la batalla de la casa; el aire sofocante y lento no llevaba el olor de las rosas; dormía media Charleston; ¡ni la luz va más aprisa que la desgracia que la esperaba!

Nunca allí se había estremecido la tierra, que en blanda pendiente se inclina hacia el mar; sobre suelo de lluvias, que es el de la planicie de la costa, se extiende el pueblo; jamás hubo cerca volcanes ni volcanillos, columnas de humo, levantamientos y solfataras;[4] de aromas eran las únicas columnas, aromas de los naranjos perennemente cubiertos de flores blancas. Ni del mar venían tampoco sobre sus costas de agua baja, que amarillea con la arena de la cuenca, esas olas robustas que echa sobre la orilla, oscuras como fauces, el Océano, cuando su asiento se desequilibra, quiebra o levanta, y sube de lo hondo la tremenda fuerza que hincha y encorva la ola y la despide como un monte hambriento contra la playa.

En esa paz, señora de las ciudades del Mediodía, empezaba a irse la noche, cuando se oyó un ruido que era apenas como el de un cuerpo pesado que empujan de prisa.

Decirlo es verlo. Se hinchó el sonido: lámparas y ventanas retemblaron…, rodaba ya bajo tierra pavorosa artillería; sus letras sobre las cajas dejaron caer los impresores, con sus casullas[5] huían los clérigos, sin ropas se lanzan a las calles las mujeres olvidadas de sus hijos, corrían los hombres desolados por entre las paredes bamboleantes; ¿quién asía por el cinto a la ciudad, y la sacudía en el aire, con mano terrible, y la descoyuntaba?

Los suelos ondulaban; los muros se partían; las casas se mecían de un lado a otro; la gente casi desnuda besaba la tierra: "¡oh Señor! ¡oh mi hermoso Señor!", decían llorando las voces sofocadas; ¡abajo, un pórtico entero!; huía el valor del pecho y el pensamiento se turbaba; ya se apaga, ya tiembla menos, ya cesa. ¡El polvo de las casas caídas subía por encima de los árboles y de los techos de las casas!

Los padres desesperados aprovechan la tregua para volver por sus criaturas; con sus manos aparta las ruinas de su puerta propia una madre joven de grande belleza; hermanos y maridos llevan a rastra, o en brazos, a mujeres desmayadas; un infeliz que se echó de una ventana anda sobre su vientre

Al leer en el relato que ha ocurrido un terremoto, puedes **predecir** los daños que el autor describe más adelante en la lectura.

---

4. **solfatara** s.: abertura de los terrenos volcánicos por donde salen vapores sulfurosos
5. **casulla** s.: vestidura que se ponen los sacerdotes para celebrar la misa

dando gritos horrendos, con los brazos y las piernas rotas; una anciana es acometida de un temblor, y muere; otra, a quien mata el miedo, agoniza abandonada en un espasmo; las luces de gas débiles, que apenas se distinguen en el aire espeso, alumbran la población desatentada, que corre de un lado a otro, orando, llamando a grandes voces a Jesús, sacudiendo los brazos en alto. Y de pronto en la sombra se yerguen, bañando de esplendor rojo la escena, altos incendios que mueven pesadamente sus anchas llamas.

Se nota en todas las caras, a la súbita luz, que acaban de ver la muerte: la razón flota en jirones en torno a muchos rostros, y en torno de otros se la ve que vaga, cual buscando su asiento ciega y aturdida. Y las llamas son <u>palio</u>, y el incendio sube; pero ¿quién cuenta en palabras lo que vio entonces? Se oye venir de nuevo el ruido sordo; giran las gentes, como estudiando la mejor salida; rompen a huir en todas direcciones; la ola de abajo crece y serpentea; cada cual cree que tiene encima a un tigre.

Unos caen de rodillas; otros se echan de bruces; viejos señores pasan en brazos de sus criados fieles; se abre en grietas la tierra; ondean los muros como un lienzo al viento; topan en lo alto las cornisas de los edificios que se dan el frente; el horror de las bestias aumenta el de las gentes; los caballos que no han podido <u>desuncirse</u> de sus carros los vuelcan de un lado a otro con las sacudidas de sus flancos; uno dobla las patas delanteras; otros husmean el suelo; a otro, a la luz de las llamas, se le ven los ojos rojos y el cuerpo temblante como caña en tormenta: ¿qué tambor espantoso llama en las entrañas de la tierra a la batalla?

Entonces, cuando cesó la ola segunda, cuando ya estaban las almas preñadas de miedo, cuando de bajo los escombros salían, como si tuvieran brazos, los gritos ahogados de los moribundos, cuando hubo que atar a tierra como a elefantes bravíos a los caballos trémulos, cuando los muros habían arrastrado al caer los hilos y postes del telégrafo, cuando los heridos se desembarazaban de los ladrillos y maderos que les cortaron la fuga, cuando vislumbraron en la sombra con la vista maravillosa del amor sus casas rotas las pobres mujeres, cuando el espanto dejó encendida la imaginación tempestuosa de los negros, entonces empezó a levantarse por sobre aquella alfombra de cuerpos postrados un clamor que parecía venir de

---

Responde al texto reflexionando cómo te comportarías tú frente a una situación trágica, como un terremoto.

◆**Amplía tu vocabulario**
palio *s.*: paño de seda o tela preciosa que se daba como premio a los vencedores en ciertos juegos
desuncir *v.*: quitar el yugo a los animales

honduras jamás exploradas, que se alzaba temblando por el aire con alas que lo hendían como si fueran flechas. Se cernía aquel grito sobre las cabezas, y parecía que llovían lágrimas. Los pocos bravos que quedaban en pie, ¡que eran muy pocos!, procuraban en vano sofocar aquel clamor creciente que se les entraba por las carnes; ¡cincuenta mil criaturas a un tiempo adulando a Dios con las lisonjas[6] más locas del miedo!

Apagaban el fuego los más bravos, levantaban a los caídos, dejaban caer a los que ya no tenían para qué levantarse, se llevaban a cuestas a los ancianos paralizados por el horror. Nadie sabía la hora: todos los relojes se habían parado, en el primer estremecimiento.

La madrugada reveló el desastre.

Con el claror del día se fueron viendo los cadáveres tendidos en las calles, los montones de escombros, las paredes desechas en polvo, los pórticos rebanados como a cercén, las rejas y los postes de hierro combados y retorcidos, las casas caídas en pliegues sobre sus cimientos, y las torres volcadas, y la espira más alta prendida sólo a su iglesia por un leve hilo de hierro.

El sol fue calentando los corazones: los muertos fueron llevados al cementerio donde está sin hablar aquel Calhoun que habló tan bien, y Gaddens, y Rutledge, y Pinckney; los médicos atendían a los enfermos; en persianas y en hojas de puertas recogían a los heridos.

Apilaban los escombros sobre las aceras. Entraban en las casas en busca de sábanas y colchas para levantar tiendas; frenesí mostraban los negros por alcanzar el hielo que se repartía desde unos carros. Humeaban muchas casas; por las hendiduras recién abiertas en la tierra había salido una arena de olor sulfuroso.[7]

Todos llevan y traen. Unos preparan camas de paja. Otros duermen a un niño sobre una almohada y lo cobijan con un quitasol. Huyen aquéllos de una pared que está cayendo. ¡Cae allí un muro sobre dos pobres viejos que no tuvieron tiempo para huir! Va besando al muerto el hijo barbado que lo lleva en brazos, mientras el llanto le corre a hilos.

Se ve que muchos niños han nacido en la noche y que, bajo una tienda azul precisamente, vinieron de una misma madre

---

6. **lisonja** s.: alabanza o atención que se dedica a una persona
7. **sulfuroso** adj.: de azufre

◆**Amplía tu vocabulario**
quitasol s.: sombrilla muy grande

dos gemelos.

Saint Michael de sonoras campanas, Saint Phillips de la torre soberbia, el Salón hiberniano en que se han dicho discursos que brillaban como bayonetas, la casa de la guardia, lo mejor de la ciudad, en fin, se ha desplomado o se está inclinando sobre la tierra.

Un hombre manco, de gran bigote negro y rostro enjuto, se acerca con los ojos flameantes de gozo a un grupo sentado tristemente sobre un frontón roto:

—No ha caído, muchachos, no ha caído.

Lo que no había caído era la casa de justicia, donde al oír el primer disparo de los federales sobre Fort Sumter, se despojó de su toga de juez el ardiente McGrath; juró dar al Sur toda su sangre, ¡y se la dio!

En las casas ¡qué desolación! No hay pared firme en toda la ciudad, ni techo que no esté abierto: muchos techos de los colgadizos se mantienen sin el sustento de sus columnas, como rostros a los que faltase la mandíbula inferior; las lámparas se han clavado en la pared o en forma de araña han quedado aplastadas por el pavimento; las estatuas han descendido de sus pedestales; el agua de los tanques colocados en lo alto de la casa, se ha filtrado por las grietas y las inunda; en el pórtico mismo parecen entender el daño los jazmines marchitos en el árbol y las rosas plegadas y mustias.

Grande fue la angustia de la ciudad en los dos días primeros. Nadie volvía a las casas. No había ni comercio ni mercado. Un temblor sucedía a otro, aunque cada vez menos violentos. La ciudad era un jubileo religioso; y los blancos arrogantes, cuando arreciaba el temor, unían su voz humildemente a los himnos improvisados de los negros frenéticos: ¡muchas pobres negritas cogían del vestido a las blancas que pasaban, y les pedían llorando que las llevasen con ellas —que así el hábito llega a convertir en bondad y a dar poesía a los mismos crímenes—; así esas criaturas, concebidas en la miseria por padres a quienes la esclavitud heló el espíritu, aún reconocen poder sobrenatural a la casta que lo poseyó sobre sus padres; así es de buena y humilde esa raza que sólo los malvados desfiguran o desdeñan: ¡pues su mayor vergüenza es nuestra más grande obligación de perdonarla!

Caravanas de negros salían al campo en busca de mejoras, para volver a poco aterrados de lo que veían. En veinte millas al interior el suelo estaba por todas partes agujereado y abierto; había grietas de dos pies de ancho a que no se hallaba fondo; de multitud de pozos nuevos salía una arena fina y blanca mezclada con agua, o arena sólo, que se apilaba a los bordes del pozo como en los hormigueros, o agua y lodo azulado, o montoncillos de lodo que llevaban encima otros de arena, como si bajo la capa de la tierra estuviese el lodo primero y la arena más a lo hondo. El agua nueva sabía a azufre y hierro.

Un estanque de cien acres se secó de súbito en el primer temblor, y estaba lleno de peces muertos. Una esclusa se había roto, y sus aguas se lo llevaron todo delante de sí.

Los ferrocarriles no podían llegar a Charleston, porque los rieles habían salido de quicio y estallado, o culebreaban sobre sus durmientes suspendidos. Una locomotora venía en carrera triunfante a la hora del primer temblor, y dio un salto, y sacudiendo tras de sí como un rosario a los vagones lanzados del carril, se echó de bruces con su maquinista muerto en la hendedura en que se abrió el camino. Otra, a poca distancia, seguía silbando alegremente; la alzó en peso el terremoto y la echó a un estanque cercano, donde está bajo cuarenta pies de agua.

Los árboles son las casas en todos los pueblos medrosos de la cercanía; y no sale de las iglesias la muchedumbre campesina, que oye espantada los mensajes de ira con que excitan sus cabezas los necios pastores: los cantos y oraciones de los templos campestres pueden oírse a millas de distancia. Todo el pueblo de Summerville ha venido abajo y por allí parece estar el centro de esta rotura de la tierra.

En Columbia las gentes se apoyaban en las paredes, como los mareados. En Abbeville el temblor echó al vuelo las campanas, que ya tocaban a somatén[8] desenfrenado, ya plañían. En Savannah, tal fue el espanto, que las mujeres saltaron por las ventanas con sus niños de pecho, y ahora mismo se está viendo desde la ciudad levantarse en el mar a pocos metros de la costa una columna de humo.

Los bosques aquella noche se llenaron de la gente poblana, que huía de los techos sacudidos, y se amparaba de los

---

8. somatén *s.*: toque de alarma

árboles, juntándose en lo oscuro de la selva para cantar en coro, arrodillada, las alabanzas de Dios e impetrar su misericordia. En Illinois, en Kentucky, en Missouri, en Ohio, tembló y se abrió la tierra. Un masón despavorido que se iniciaba en una logia, huyó a la calle con una cuerda atada a la cintura. Un indio cherokee que venía de poner mano brutal sobre su pobre mujer, cayó de hinojos al sentir que el suelo se movía bajo sus plantas, y empeñaba su palabra al Señor de no volverla a castigar jamás.

¡Qué extraña escena vieron los que al fin, saltando grietas y pozos, pudieron llevar a Charleston socorros de dinero y tiendas de campaña! De noche llegaron. Eran las calles líneas de carros, como las caravanas del Oeste. En las plazas, que son pequeñas, las familias dormían bajo tiendas armadas con mantas de abrigo, con toallas a veces y trajes de lienzo. Tiendas moradas, carmesíes, amarillas; tiendas blancas y azules con listas rojas.

Ya habían sido echadas por tierra las paredes que más amenazaban. Alrededor de los carros de hielo, bombas de incendio y ambulancias, se habían levantado tolderías con apariencia de feria. Se oía de lejos, como viniendo de barrios apartados, un vocear salvaje. Se abrazaban llorando al encontrarse las mujeres, y su llanto era el lenguaje de su gratitud al cielo: se ponían en silencio de rodillas, oraban, se separaban consoladas.

Hay unos peregrinos que van y vienen con su tienda al hombro, y se sientan, y echan a andar, y a cantar en coro, y no parecen hallar puesto seguro para sus harapos y su miedo. Son negros, negros en quienes ha resucitado, en lamentosos himnos y en terribles danzas, el miedo primitivo que los fenómenos de la naturaleza inspiran a su encendida raza.

Aves de espanto, ignoradas de los demás hombres, parecen haberse prendido de sus cráneos, y picotear en ellos, y flagelarles[9] las espaldas con sus alas en furia loca.

Se vio, desde que en el horror de aquella noche se tuvo ojos con que ver, que de la empañada memoria de los pobres negros iba surgiendo a su rostro una naturaleza extraña: ¡era la raza comprimida, era el África de los padres y de los abuelos, era ese signo de propiedad que cada naturaleza pone a su hombre, y a despecho de todo accidente y violación humana,

---

9. flagelar *v.*: azotar

vive su vida y se abre su camino!

Trae cada raza al mundo su mandato, y hay que dejar la vía libre a cada raza, si no se ha de estorbar la armonía del universo, para que emplee su fuerza y cumpla su obra, en todo el decoro y fruto de su natural independencia: ¿ni quién cree que sin atraerse un castigo lógico pueda interrumpirse la armonía espiritual del mundo, cerrando el camino, so pretexto de una superioridad que no es más grado en tiempo, a una de sus razas?

¡Tal parece que alumbra a quellos hombres de África un sol negro! Su sangre es un incendio: su pasión, mordida; llamas sus ojos; y todo en su naturaleza tiene la energía de sus venenos y la potencia perdurable de sus bálsamos.

Tiene el negro una gran bondad nativa, que ni el martirio de la esclavitud pervierte, ni se oscurece con su varonil bravura.

Pero tiene, más que otra raza alguna, tan íntima comunión con la naturaleza, que parece más apto que los demás hombres a estremecerse y regocijarse con sus cambios.

Hay en su espanto y alegría algo de sobrenatural y maravilloso que no existe en las demás razas primitivas, y recuerda en sus movimientos y miradas la majestad del león; hay en su afecto una lealtad tan dulce que no hace pensar en los perros, sino en las palomas; y hay en sus pasiones tal claridad, tenacidad, intensidad, que se parecen a las de los rayos del sol.

Miserable parodia de esa soberana constitución son esas criaturas deformadas en quienes látigo y miedo sólo les dejaron acaso vivas para transmitir a sus descendientes, engendrados en las noches tétricas y atormentadas de la servidumbre, las emociones bestiales del instinto, y el reflejo débil de su naturaleza arrebatada y libre.

Pero la esclavitud, que apagaría al mismo sol, puede apagar completamente el espíritu de una raza: ¡así se la vio surgir en estas almas calladas cuando el mayor espanto de su vida sacudió en lo heredado de su sangre lo que traen en ella de viento de selva, de oscilación de mimbre, de ruido de caña! ¡así resucitó en toda su melancólica barbarie en estos negros nacidos en su mayor parte en tierra de América y enseñados en sus prácticas, ese temor violento e ingenuo, como todos los de su raza llameante, a los cambios de la naturaleza escandecida, que cría en la planta el manzanillo, ¡y en el animal el león!

Biblia les han enseñado, y hablaban su espanto en la profética lengua de la Biblia. Desde el primer instante del temblor de tierra, el horror en los negros llegó al colmo.

Jesús es lo que más aman de todo lo que saben de la cristiandad estos desconsolados, porque lo ven fusteado[10] y manso como se vieron ellos.

Jesús es de ellos, y le llaman en sus preces "mi dueño Jesús", "mi dulce Jesús", "mi Cristo bendito". A él imploraban de rodillas, golpeándose la cabeza y los muslos con grandes palmadas, cuando estaban viniéndose abajo espiras y columnas. "Esto es Sodoma y Gomorra", se decían temblando: "¡Se va a abrir, se va a abrir el monte Horeb!". Y lloraban, y abrían los brazos, y columpiaban su cuerpo, y le rogaban que los tuviese con ellos hasta "que se acabase el juicio".

Iban, venían, arrastraban en loca carrera a sus hijos; y cuando aparecieron los pobres viejos de su casta, los viejos sagrados para todos los hombres menos para el hombre blanco, postráronse en torno suyo en grandes grupos, oíanlos de hinojos[11] con la frente pegada a la tierra, repetían en un coro convulsivo sus exhortaciones misteriosas, que del vigor e ingenuidad de su naturaleza y del divino carácter de la vejez traían tal fuerza sacerdotal que los blancos cultos, penetrados de veneración, unían la música de su alma atribulada a aquel dialecto tierno y ridículo.

Como seis muchachos negros, en lo más triste de la noche, se arrastraban en grupo por el suelo, presa de este frenesí de raza que tenía aparato religioso. Verdaderamente se arrastraban. Temblaba en su canto una indecible ansia. Tenían los rostros bañados de lágrimas: "¡Son los angelitos, son los angelitos que llaman a la puerta!". Sollozaban en voz baja la misma estrofa que cantaban en voz alta. Luego el refrán venía, henchido de plegaria, incisivo, desesperado: "¡Oh, dile a Noé que haga pronto el arca, que haga pronto el arca!". Las plegarias de los viejos no son de frase ligada, sino de esa frase corta de las emociones genuinas y las razas sencillas.

---

10. **fusteado** *adj.*: con latigazos
11. **de hinojos**: Expresión que significa "de rodillas".

Tiene las contorsiones, la monotonía, la fuerza, la fatiga de sus bailes. El grupo que le oye inventa un ritmo al fin de frase que le parece musical y se acomoda al estado de las almas; y sin previo acuerdo todos se juntan en el mismo canto. Esta unidad da singular influjo y encanto positivo a estos rezos grotescos, esmaltados a veces de pura poesía: "¡Oh mi Señor, no toques; oh mi Señor, no toques otra vez a mi ciudad!".

"Los pájaros tienen sus nidos: ¡Señor, déjanos nuestros nidos!" Y todo el grupo, con los rostros en tierra, repite con una agonía que se posesiona del alma: "¡Déjanos nuestros nidos!".

En la puerta de una tienda se nota a una negra a quien da fantástica apariencia su mucha edad. Sus labios se mueven, pero no se la oye hablar; sus labios se mueven; y mece su cuerpo, lo mece incesántemente, hacia adelante y hacia atrás. Muchos negros y blancos la rodean con ansiedad visible, hasta que la anciana prorrumpe en este himno: "¡Oh, déjame ir, Jacob, déjame ir!".

La muchedumbre toda se le une, todos cantando, todos meciendo el cuerpo, como ella, de un lado a otro, levantando las manos al cielo, expresando con palmadas su éxtasis. Un hombre cae por tierra pidiendo misericordia. Es el primer convertido. Las mujeres traen una lámpara, y se encuclillan a su rededor. Le toman de la mano. Él se estremece, balbucea, entona plegarias; sus músculos se tienden, las manos se le crispan; un paño de dichosa muerte parece irle cubriendo el rostro; allí queda, junto a la tienda, desmayado. Y otros como él después. Y en cada tienda una escena como ésa. Y al alba todavía ni el canto ni el mecer de la anciana habían cesado. Allá, en los barrios viciosos, caen so pretexto de religión en orgías abominables las bestias que abundan en todas las razas.

Ya, después de siete días de miedo y oraciones, empieza la gente a habitar sus casas; las mujeres fueron las primeras en volver, y dieron ánimo a los hombres: la mujer, fácil para la alarma y primera en la resignación. El corregidor vive ya con su familia en la parte que quedó en pie de su morada suntuosa; por los rieles compuestos entran cargados de algodones los ferrocarriles; se llena de forasteros la ciudad consagrada por el valor en la guerra y ahora por la catástrofe; levanta el municipio un empréstito nacional de diez millones de pesos para reparar los edificios rotos y reponer los que han venido a tierra.

De las bolsas, de los teatros, de los diarios, de los bancos les van socorros ricos en dinero; ya se pliegan, por falta de ocupantes, muchas de las tiendas que improvisó el Gobierno en los jardines y las plazas. Tiembla aún el suelo, como si no se hubiese acomodado definitivamente sobre su nuevo quicio: ¿cuál ha podido ser la causa de este sacudimiento de la tierra?

¿Será que, encogidas sus entrañas por la pérdida lenta de calor que echa sin cesar afuera en sus manantiales y en sus lavas, se haya contraído aquí, como en otras partes, la corteza terrestre para ajustarse a su interior cambiado y reducido que llama a sí la superficie?

La tierra entonces, cuando ya no puede resistir la tensión, se encoge y alza en ondas y se quiebra, y una de las bocas de la rajadura se monta sobre la otra con terrible estruendo, y tremor sucesivo de las rocas adyacentes, siempre elásticas, que hacia arriba y a los lados van empujando el suelo hasta que el eco del estruendo cesa.

Pero acá no hay volcanes en el área extensa en que se sintió el terremoto; y los azufres y vapores que expele por sus agujeros y grietas la superficie son los que abundan naturalmente por la formación del suelo en esta planicie costal del Atlántico, baja y arenosa.

¿Será que allá, en los senos de la mar, por virtud de ese mismo enfriamiento gradual del centro encendido, ondease el fondo demasiado extenso para cubrir la bóveda amenguada;[12] se abriera, como todo cuerpo que violentamente se contrae, y al cerrarse con enorme empuje sobre el borde roto, estremeciera los cimientos todos y subiese rugiendo el movimiento hasta la superficie de las olas?

Pero entonces se habría arrugado la llanura del mar en una ola monstruosa, y con las bocas de ella habría la tierra herida cebado su dolor en la ciudad galana que cría flores y mujeres de ojos negros en la arena insegura de la orilla.

¿O será que, cargada por los residuos seculares de los ríos la planicie pendiente de roca fragmentaria de la costa, se arrancó con violencia cediendo al fin al peso, a la masa de gneis[13] que baja de los montes Alleghanys, y resbaló sobre el cimiento granítico que a tres mil pies de hondura la sustenta a la orilla

---

12. **amenguada** *adj.*: disminuida
13. **gneis**: roca de la misma composición del granito

de la mar, comprimiendo con la pesadumbre de la parte alta desasida de la roca las gradas inferiores a la planicie, e hinchando el suelo y sacudiendo las ciudades levantadas sobre el terreno plegado al choque en ondas?

Eso dicen que es: que la planicie costal del Atlántico, blanda y cadente, cediendo al peso de los residuos depositados sobre ella en el curso de siglos por los ríos, se deslizó sobre su lecho granítico en dirección al mar.

¡Así, sencillamente, tragando hombres y arrebatando sus casas como arrebata hojas el viento, cumplió su ley de formación el suelo, con la majestad que conviene a los actos de creación y dolor de la naturaleza!

El hombre herido procura secarse la sangre que le cubre a torrentes los ojos, y se busca la espada en el cinto para combatir al enemigo eterno, y sigue danzando al viento en su camino de átomo, subiendo siempre, como guerrero que escala, por el rayo del sol.

Ya Charleston revive, cuando aún no ha acabado su agonía, ni se ha aquietado el suelo bajo sus casas bamboleantes.

Los parientes y amigos de los difuntos hallan que el trabajo rehace en el alma las raíces que le arranca la muerte. Vuelven los negros humildes, caído el fuego que en la hora del espanto les llameó los ojos, a sus quehaceres mansos y su larga prole. Las jóvenes valientes sacuden en los pórticos repuestos el polvo de las rocas.

Y ríen todavía en la plaza pública, a los dos lados de su madre alegre, los dos gemelos que en la hora misma de la desolación nacieron bajo una tienda azul.

Para responder

Verifica tu comprensión

1. ¿Por qué dice el relato que en Charleston vivían "los blancos vencidos y los negros bien hallados"?

2. ¿Por qué las mujeres negras llevaban en la cabeza pañuelos rojos o azules?

3. ¿Qué hacía la gente que quedaba en pie mientras ocurría el terremoto?

4. ¿Qué significa la frase "el hábito llega a convertir en bondad y a dar poesía a los mismos crímenes?

5. Según el relato, ¿cómo expresa la raza negra su miedo primitivo a los fenómenos de la naturaleza?

Pensamiento crítico

Interpreta

1. ¿Cuál es la situación de los negros en la época del relato? **[Analiza]**

2. ¿Por qué el relato dice que un sol negro alumbra a los hombres de África? **[Interpreta]**

3. ¿De qué manera el terremoto une a los blancos y a los negros de Charleston? **[Analiza]**

4. Nombra cuatro elementos del relato que sugieran el comportamiento de la gente hacia los fenómenos naturales. **[Respalda]**

Aplica

5. Imagina que tú eres el tornado y tienes que defender tu posición frente a la gente de Charleston. ¿Qué dirías? **[Respalda]**

La serenata de Schubert
Manuel Gutiérrez Nájera

> Manuel Gutiérrez Nájera (1858–1895) Escritor mexicano. De
> formación autodidacta, ejerció el periodismo durante toda su vida.
> Fue el fundador de la revista *Azul*, órgano de difusión de la corriente
> modernista. Su obra poética se publicó al año de su muerte en
> *Poemas* (1896)

¡Oh, qué dulce canción! <u>Límpida</u> brota

esparciendo sus blandas armonías,

y parece que lleva en cada nota

muchas tristezas y ternuras mías.

5 ¡Así hablara mi alma…, si pudiera!

¡Así, dentro del seno,

se quejan, nunca oídos, mis dolores!

Así, en mis luchas, de <u>congoja</u> lleno,

digo a la vida: "¡Déjame ser bueno!"

10 ¡Así sollozan todos mis dolores!

¿De quién es esa voz? Parece alzarse

junto al lago azul, en noche quieta

subir por el espacio, y desgranarse

al tocar el cristal de la ventana

15 que entreabre la novia del poeta…

¿No la oís cómo dice: "Hasta mañana"?

¡Hasta mañana, amor! El bosque espeso

cruza, cantando, el venturoso amante,

y el eco vago de su voz distante

20 decir parece: "¡Hasta mañana, beso!"

¿Por qué es preciso que la dicha acabe?

¿Por qué la novia queda en la ventana,

> La segunda estrofa
> da una pista para
> **identificar al narrador
> del poema**, el autor.

> **Usa tus sentidos** para
> imaginar el bosque y la
> laguna de la serenata.

◆**Amplía tu vocabulario**
límpido *adj.:* limpio, puro, sin mancha
congoja *s.:* aflicción del ánimo

y a la nota que dice: "¡Hasta mañana!"

el corazón responde: "¿Quién lo sabe?".

25 ¡Cuántos cisnes jugando en la laguna!

¡Qué azules brincan las traviesas olas!

En el sereno ambiente, ¡cuánta luna!

Mas las almas, ¡qué tristes y qué solas!

En las ondas de plata
30 de la atmósfera tibia y transparente,

como una Ofelia[1] náufraga y doliente,

¡va flotando la tierna serenata!

Hay ternura y dolor en ese canto,

y tiene esa amorosa despedida
35 la transparencia <u>nítida</u> del llanto,

¡y la inmensa tristeza de la vida!

¿Qué tienen esas notas? ¿Por qué lloran?

Parecen ilusiones que se alejan,

sueños amantes que piedad imploran,
40 y, como niños huérfanos, ¡se quejan!

Bien sabe el trovador cuán inhumana

para todos los buenos es la suerte…

que la dicha es de ayer… y que "mañana"

es el dolor, la oscuridad, ¡la muerte!

45 El alma se compunge[2] y se estremece

al oír esas notas sollozadas…

¡Sentimos, recordamos, y parece

que surgen muchas cosas olvidadas!

El autor hace referencia a Ofelia, que es un personaje trágico de Hamlet, obra que se desarrolla en un determinado **contexto histórico.**

---

1. Ofelia: Uno de los personajes de Hamlet, de Shakespeare.
2. compungir *v.:* apenar, entristecer

◆**Amplía tu vocabulario**
nítido *adj.:* limpio, transparente

¡Un peinador muy blanco y un piano!

50 Noche de luna y de silencio afuera…

Un volumen de versos en mi mano,

y en el aire, y en todo, ¡primavera!

¡Qué olor de rosas frescas! En la alfombra,

¡qué claridad de luna!, ¡qué reflejos!…

55 ¡Cuántos besos dormidos en la sombra!

Y la muerte, la pálida, ¡qué lejos!

En torno al velador, niños jugando…

La anciana, que en silencio nos veía…

Schubert en tu piano sollozando,

60 y en mi libro, Musset con su *Lucía*.[3]

¡Cuántos sueños en mi alma y en tu alma!

¡Cuántos hermosos versos! ¡Cuántas flores!

En tu hogar <u>apacible</u>, ¡cuánta calma!

Y en mi pecho, ¡qué inmensa sed de amores!

65 ¡Y todo ya muy lejos! ¡Todo ido!

¿En dónde está la rubia soñadora?…

¡Hay muchas aves muertas en el nido,

y vierte muchas lágrimas la aurora!

…Todo lo vuelvo a ver…, ¡pero no existe!

70 Todo ha pasado ahora…, ¡y no lo creo!

Todo está silencioso, todo triste…

¡Y todo alegre, como entonces, veo!

> **Escucha** cómo suena el poema al leer las estrofas con signos de admiración. ¿Qué quiere transmitir el autor con ello? Sentimientos.

---

3. **Lucía:** Elegía escrita por Alfred de Musset (1810–1857).

◆**Amplía tu vocabulario**
apacible *adj.:* dulce, agradable y sereno

Para responder

Verifica tu comprensión

1. ¿Quién canta la serenata, el poeta o un trovador?

2. ¿A quién dirige el trovador su serenata?

3. ¿Por qué dice el poeta que hay ternura y dolor en su canto?

4. ¿De quién habla el autor al final de su poema?

Pensamiento crítico

Interpreta

1. ¿Qué sugiere el poeta con la frase "¡Así hablara mi alma…, si pudiera!"? **[Interpreta]**

2. ¿Por qué crees que el autor compara a la serenata con una Ofelia? **[Analiza]**

3. ¿Qué cosas del poema sugieren que el trovador no es el poeta? **[Analiza]**

4. ¿Por qué crees que el autor hace mención a sus recuerdos? **[Interpreta]**

Evalúa

5. Lee la última estrofa de la poesía y evalúa cómo se siente el poeta. **[Evalúa]**

Las buenas conciencias
Carlos Fuentes

> Carlos Fuentes (1928) Escritor, crítico y diplomático mexicano que ha llegado a convertirse en uno de los pensadores más influyentes en la cultura latinoamericana de finales del siglo XX. Sus novelas, de compleja técnica narrativa, describen la evolución social de México y exploran temas tales como la devastación de la conquista española, la revolución y el deseo de independencia. Sus títulos más destacados son *La muerte de Artemio Cruz, Constancia y otros cuentos para vírgenes, El viejo gringo* y *Los años con Laura Díaz.*

[…] No quiso subir a la planta alta. ("Ahora no quiero dormir la siesta. Pero tengo sueño. Es que no quiero verlos. Nada más. No se me antoja. Mejor voy a ver qué encuentro en el baúl") y empujó la puerta rechinante[1] de la caballeriza. Entonces sintió la mano sobre la boca y la rodilla encajada en la espalda y el olor a transpiración.

—Ni un grito, chamaco…

Todo era ese extraño sudor que lo abrazaba.

No olía a suciedad, no olía a trabajo. Era el sudor de otro esfuerzo. Los aires de la mañana —fruta, vela, caballo, flor, cuero, pelo lavado— se aislaban en el recuerdo de Jaime de este nuevo olor de un hombre que le tapaba la boca y le encajaba la rodilla. La rodilla que ahora lo iba empujando hacia el extremo de la caballeriza, entre los maniquíes[2] y los baúles y detrás de la carroza negra.

Lo soltó a tiempo que apretaba con el puño un fierro negro.
—Ya sabes… —dijo en voz muy baja. La agitación no permitía a Jaime, arrinconado, darse cuenta del hombre que lo amenazaba. Una presencia borrosa, pero llena de fuerza, se esfumaba detrás del puño extendido y el barrote de fierro. Por fin pudo pensar: ladrón. Y mejor: criminal escapado. Entonces lo vio, primero alto, luego fornido, en seguida con el pelo negro que le caía en mechones sobre la frente, y pudo llegar a los ojos y no vio allí ninguna de aquellas palabras.

Se miraron.

Jaime jadeaba y se frotaba la nariz con el brazo. El hombre fuerte no se movía: sólo los ojos le corrían de un extremo a otro de las cuencas,[3] no con alarma, sino con seguridad dominante. Una verruga en el labio parecía moverse sola. Tenía los zapatos, cuadrados, boludos, llenos de polvo y

> **Imagina** las cosas que hacía Jaime todas las mañanas.

---

1. **rechinante** *adj.:* que hace un sonido al moverse
2. **maniquí** *s.:* armazón en figura de cuerpo humano
3. **cuenca** *s.:* cavidad en que están los ojos

rasgaduras. En la camisa azul se veían las huellas secas de la intensa transpiración. Había doblado varias veces la valenciana del pantalón café. Si el torso era robusto, las piernas flacas lo sostenían como dos cables eléctricos.

—Óyeme. Tengo hambre y mucha sed. Vas a ir allá dentro y me traes algo. ¿Entiendes? No se te vaya a ocurrir decirle a nadie que estoy aquí… Quítate esa cara de espanto. No soy un <u>ratero</u>. ¿Sabes lo que les pasa a los rateros? Córrele.

El tono del hombre, a veces sereno, a veces amenazante, atraía y alejaba al muchacho.

—Haz lo que te digo.

Jaime inmóvil en el rincón.

—Me caigo del sueño y del hambre, <u>chamaco</u>.

Jaime se acercó al hombre, le tendió la mano y corrió hacia la cocina.

El hombre sonreía cuando Jaime regresó con la servilleta cargada y la tendió sobre el baúl. Rebanadas de jamón y queso, un cuadro de dulce de membrillo, alas de pollo.

—Aquí está la jarra, señor.

—Llámame Ezequiel.

—Sí, señor Ezequiel.

El hombre dejó de morder el ala y estalló en una carcajada.

—Ezequiel no más. ¿Qué edad tienes?

—Trece… voy para catorce.

—¿Trabajas?

—No. Soy de la casa. Voy a la escuela.

Ambos se habían sentado sobre el baúl de los viejos recuerdos, donde dormían los velos de la abuela Guillermina y los periódicos del siglo pasado. Ezequiel mascaba con furia, embadurnando de grasa sus bigotes lacios y disparejos. Continuamente golpeaba la rodilla de Jaime. Le era difícil contener su alegría, tan robusta como el torso oscuro y la mirada siempre activa: los ojos negros corrían todo el tiempo de la puerta al muchacho, al ojo de buey, a la carroza varada. ("Algo se gana en esta lucha, y es aprender a distinguir luego

Relaciona la literatura con tu propia experiencia reflexionando sobre qué hubieras hecho tú en una situación como la de Jaime.

Pregúntate: ¿Qué pensaba realmente Jaime del hombre?

◆**Amplía tu vocabulario**
ratero *s.*: dícese del ladrón que hurta con maña y cautela cosas de poco valor
chamaco *s.*: niño, muchacho

entre el soplón y el amigo. ¿Qué se trae este chamaco? Puro niño bonito, me dije cuando lo vi. Criado de casa elegante, pensé cuando me trajo la comida. Pero me ayudó. Nada. Un chamaco muy solo, no más.")

—A ver. ¿Qué se te ocurrió cuando me viste? Este ha de ser ratero, ¿a poco no? Lo andan persiguiendo por algún delito.

—Sí.

—¿Tienes muchos amigos?

—No. Este...

—¡No te digo! A ver, sírvete agua. No sabes lo que es probar agua fresca después de tres días de andar por esa tierra será, a pata o escondido en furgones. ¿Nunca oíste hablar de Ezequiel Zuno?

—No. Pero eres tú.

—Seguro. Soy yo. ("Puede que no entienda, puede que sí. Debía callarme la boca. Pero son muchos días sin hablar con nadie. A veces hasta veía visiones. No hay nada peor que el desierto alto. Como que está más cerca del sol. Y además duele, porque no es un destino de a veras; es una tierra seca que se quedó sin agua por puro descuido. Cuando salté del furgón todavía era seca la tierra.") ... No sabes qué bonito sentí cuando entré de noche a Guanajuato y pasé por la presa.[4]

—¿Qué?

—Nada. Tengo sueño. No sé bien lo que digo. Me voy a acostar. ¿No entra nadie por aquí?

—No. Pero si quieres me quedo...

—Está bueno... oye, luego te cuento una historia... pero ahora... ("... no ha de saber qué es que lo apaleen a uno..., no ha de saber las palabras que le dicen a uno..., no ha de saber lo que es aguantarse, con el miedo de ceder por miedo..., no ha de saber cómo aguantarse parece luego lo más fácil, y abrir el pico lo difícil..., no ha...").

Ezequiel se durmió con las piernas abiertas y la cabeza reclinada sobre el baúl. Soñó con filas de hombres. Allí estaba Jaime, sentado sobre el suelo, con la cara entre las manos, cuando despertó.

Responde al texto reflexionando cómo te comportarías tú frente a una situación trágica, como ser un terremoto.

---

4. presa s.: acequia o zanja de regar

Authentic Spanish Language Literature

(" … como un perrito fiel. Mi chamaco de la guarda").

… Jaime llegó a la puerta y dijo:

—Soy tu amigo. No olvides.

Ezequiel contestó con un dedo sobre el labio:

—Shhh…

Y el tío Balcárcel, al salir el muchacho de la caballeriza, se escondió en el patio y se tronó los dedos.

Cuatro soldados conducían al hombre con las muñecas prisioneras. Jaime, de puntillas, logró ver el paso del reo;[5] y con el grito ahogado y los brazos y las piernas en remolino, se abrió paso entre sus compañeros y corrió calle abajo, entre las sombras y el sol de los muros que arrojaban luces desiguales sobre los cinco hombres que marchaban en silencio.

—¡Ezequiel!

No fue un grito de angustia; fue un grito de culpa… Zuno caminaba con la mirada fija en el empedrado. El sudor había renacido en su frente y en su espalda. Los zapatones de minero pisaban fuerte. Las bayonetas[6] caladas arrojaban rayos de sombra sobre su rostro.

—¡Ezequiel! ¡No fui yo! ¡Te lo juro! ¡No fui yo!

> Cuando Jaime le dice a Ezequiel que no se olvide que es su amigo, puedes **predecir** que algo sucederá.

> Analiza tu **reacción** hacia el final del cuento.

> Al decir que su grito fue un grito de culpa, puedes **inferir** que Jaime delató al hombre.

---

5. reo *s.*: persona que por haber cometido una culpa
merece castigo
6. bayoneta *s.*: arma blanca que usan los soldados de
infantería, complementaria del fusil

Para responder

Verifica tu comprensión

1. ¿Qué indica el texto entre paréntesis?

2. ¿Quién habla entre paréntesis en el primer párrafo? ¿Y en los otros párrafos?

3. (a) ¿Quién era Ezequiel Zuno? (b) ¿Por qué estaba en la caballeriza?

4. ¿Cómo se había escapado Ezequiel? ¿Cómo había llegado hasta allí?

Pensamiento crítico

Interpreta

1. Lee el cuarto párrafo y saca conclusiones de qué cosas hacía Jaime todas las mañanas. **[Saca conclusiones]**

2. ¿Por qué Ezequiel se pregunta qué se trae el muchacho? **[Interpreta]**

3. ¿Por qué crees que se había escapado Ezequiel del campo minero? **[Analiza]**

4. ¿Por qué Ezequiel habla sobre lo que sintió cuando pasó por la presa? **[Analiza]**

5. ¿Por qué el grito de Jaime fue un grito de culpa? **[Saca conclusiones]**

Evalúa

6. ¿Crees que tiene justificación moral lo que hizo Jaime? **[Haz un juicio]**

ACKNOWLEDGMENTS

Grateful acknowledgment is made to the following for permission to reprint copyrighted material:

Faber and Faber Ltd.
"The Love Song of J. Alfred Prufrock" from *COLLECTED POEMS* 1909-1962 by T.S. Eliot, copyright©1936 by Harcourt Brace & Company, copyright © 1963, 1964 by T.S. Eliot.

Harcourt, Inc.
"The Life You Save May Be Your Own" from *A Good Man Is Hard To Find and Other Stories*, copyright© 1953 by Flannery O'Connor and renewed 1981 by Regina O'Connor.

Harcourt Inc. and Professor Enrique Anderson-Imbert
"Camino de imperfección. Diario de mi vida" by Rufino Blanco Fombona, "El Terremoto de Charleston" by José Martí and "La serenata de Schubert" by Manuel González Nájera from *Literatura Hispanoamericana* edited by Enrique Anderson–Imbert. Copyright © 1970, 1960 by Holt Rinehart and Winston. Copyright renewed 1988 by E. Anderson–Imbert.

NTC Publishing Group
"Quetzal no muere nunca" from *Leyendas Latino-Americanas* by Genevieve Barlow, pp. 25 and 27-28. Copyright © 1989, 1980, 1974 by NTC Publishing Group.

Santillana, S.A. De Ediciones, Spain
"Las buenas conciencias" by Carlos Fuentes from *Páginas literarias: Antología de la prosa en lengua española* selected by Francisco Ribes. Copyright © 1968 by Santillana, S.A. De Ediciones.

Siglo XXI Editores S.A. De C.V.
"La diosa tecnología no habla español" from *Las venas abiertas de América Latina* by Eduardo Galeano, Siglo XXI, Mexico, 1980.

NOTE: Every effort has been made to locate the copyright owner of material reprinted in this book. Omissions brought to our attention will be corrected in subsequent editions.